SOUVENIRS
RELIGIEUX
D'HAUTMONT

APPROBATION.

Permis à Monsieur Régnier-Farez, d'imprimer l'opuscule intitulé : *Souvenirs religieux d'Hautmont*, conformément à l'exemplaire soumis à notre approbation.

PHILIPPE,
VIC.-GÉN.

Cambrai, 7 octobre 1860.

CAMBRAI. — IMPRIMERIE DE RÉGNIER-FAREZ.

SOUVENIRS
RELIGIEUX
D'HAUTMONT

—○—◆—○—

S. MARCEL
PAPE ET MARTYR.

S. VINCENT.	S. FURSÉ.	S. WASNON.
Ste VAUDRU.	S. ADALGISE.	S. URSMAR.
Ste ALDEGONDE.	S. ELOQUIE.	S. ANSBERT.
S. LANDRI.	S. ETTON.	S. VULMAR.
Ste MADELBERTE.	S. AUBERT.	S. BRUNON.
Ste ALDÉTRUDE.	S. AMAND.	S. RICHARD.
S. DENTELIN.	S. HUMBERT.	S. POPPON.
S. FOILLAN.	S. GHISLAIN.	B. LIÉBERT.

SE VEND AU PROFIT D'UNE BONNE ŒUVRE.

CAMBRAI
IMPRIMERIE DE ALEXANDRE RÉGNIER-FAREZ,
RUE DU PETIT-SÉMINAIRE, 14.

1860

PRÉFACE

~~~~~

Quoique les provinces du nord de la France et de tout ce royaume en général aient été favorisées au septième siècle de la présence d'un grand nombre de saints, il est peu de lieux qui puissent en présenter autant à l'admiration et à la vénération des fidèles que la paroisse d'Hautmont. Cette colline, la beauté du pays par son heureuse situation, est aussi devenue sa première richesse par les souvenirs religieux qui en font un des points les plus remarquables de l'ancien Hainaut. Héritage des populations qui ont habité les mêmes contrées, ces souvenirs doivent être précieusement conservés comme des titres de famille, pour s'unir et se confondre avec les traditions de piété que donne la génération actuelle. Le temps, qui détruit tout sur son passage, respectera du moins ces témoignages de la Foi et de la Religion. Mille fois heureux les peuples qui les multiplient et les perpétuent par leurs exemples au milieu de leurs descendants !

Ce recueil, destiné à rappeler ces souvenirs, est divisé en quatre parties. La première donne l'histoire de saint Vincent et des saints de sa famille ; la deuxième traite des autres saints personnages qui ont vécu ou séjourné à

Hautmont ; dans la troisième est rapportée la vie de saint Marcel, pape, et tout ce qui concerne ses reliques et son culte; la quatrième se compose d'une neuvaine en l'honneur de saint Marcel et d'une courte lecture avec prière pour le jour de la fête des principaux saints honorés en ce lieu. Puisse ce petit écrit procurer la gloire de Dieu et contribuer à la sanctification des âmes ! Il aura atteint le but unique pour lequel il a été composé.

SOUVENIRS RELIGIEUX

D'HAUTMONT

PREMIÈRE PARTIE.

Saint Vincent, fondateur de l'abbaye d'Hautmont. — Sa famille. — Les saints avec lesquels il a entretenu des rapports.

Parmi les seigneurs qui brillaient à la cour des rois Francs au septième siècle, on distinguait surtout Mauger, (Madelgarius) plus connu dans l'histoire religieuse de ces contrées sous le nom de saint Vincent d'Hautmont. Les auteurs ne sont pas d'accord sur son origine. Les uns le font naître en Irlande, quelques-uns en Aquitaine, d'autres enfin, et avec plus de raison, disent qu'il reçut le jour à Strepy-lez-Binche, dans le Hainaut. Son père, Malger, et sa mère, Onugera, s'appliquèrent à lui donner une éducation vraiment chrétienne. De bonne heure, le jeune seigneur se fit remarquer par sa vertu et ses nobles qualités, ainsi que par un attachement sincère à la religion. Dieu, pour le récompenser de la fidélité avec laquelle il avait conservé la pureté de ses mœurs au milieu des séductions du monde, lui destina une épouse qui avait passé comme lui ses premières années dans la plus parfaite innocence : c'était sainte Vaudru.

Fille de saint Walbert et de sainte Bertilie, et sœur de sainte Aldegonde, sainte Vaudru naquit à Cousolre et y passa la première partie de sa vie. La nature et la grâce l'avaient comme à l'envi douée de ses dons que relevaient encore les charmes de l'adolescence. Elle dut à cette vertu précoce encore plus qu'à la noblesse de sa naissance ou à sa beauté le choix qu'en fit Mauger pour son épouse. Le Ciel bénit cette union, et quatre enfants destinés comme leurs parents à recevoir un jour les hommages de l'Eglise, vinrent successivement la consoler et l'embellir.

Si on en croit certains hagiographes, ce serait peu de temps après ce mariage que le roi Dagobert aurait confié au comte Mauger une embassade en Irlande, d'où il serait revenu avec quelques missionnaires qui ont prêché la foi dans ces contrées. Ces auteurs lui donnent pour compagnons de voyage à son retour les saints Foillan, Ultan, Fursé, Eloquie, Adalgise, Etton et Algise. Quoi qu'il en soit de cette première partie de sa vie sur laquelle les opinions sont partagées, il est certain que le noble Mauger habitait le Hainaut avec son épouse au milieu du septième siècle, et s'y faisait remarquer par ses œuvres de religion et de charité. Bon et bienveillant pour tous, il veillait à ce qu'aucun pauvre ne fût privé des choses nécessaires à la vie. Sa sollicitude compatissante lui inspirait toutes sortes d'égards envers les malheureux et les infirmes, qu'il considérait comme des membres souffrants de Jésus-Christ. En même temps qu'il leur donnait des secours corporels, il savait aussi leur adresser des paroles de piété et de confiance en Dieu, et réveiller les sentiments religieux dans des cœurs quelquefois aigris par la souffrance ou corrompus par le vice. Sainte Vaudru, de son côté, remplissait dignement tous ses devoirs d'épouse et de mère chrétienne. Elle veillait sans cesse sur ses enfants et formait leur jeune cœur à la vertu. Tout ce qui pouvait développer en eux l'amour et le respect de la religion était l'objet de sa sollicitude. Souvent, en leur présence, elle exerçait des œuvres de charité afin que cette vue leur inspirât une tendre compassion pour les pauvres et les malheureux. Outre les aumônes qu'elle leur distribuait, ainsi qu'aux veuves et aux orphelins, elle donnait encore de grandes sommes d'argent pour racheter des captifs ou recevoir les étrangers et les voyageurs. Comme son épouse, le comte Mauger apporta un soin particulier à l'éducation de ses enfants. Landri, l'aîné de tous, promettait déjà de devenir un fidèle imitateur de ses vertus. Deux filles qui le suivaient, Madelberte et Aldétrude, montraient aussi une rare sagesse dans leur conduite.

Dentelin, le plus jeune, ne devait point tarder à remettre son âme à son Créateur, emportant avec la robe blanche du baptême qu'il conservait encore toute sa pureté et son innocence.

Dieu qui destinait Mauger à donner un grand exemple au monde par le renoncement volontaire à toutes ses richesses et ses dignités, inspira tout à coup à son fils aîné le désir de quitter le monde pour se consacrer à Dieu. Le noble comte fut affligé, quand, pour la première fois, Landri lui exprima son intention d'embrasser la carrière sacerdotale. Tous les sentiments d'un père et d'un chrétien se révèlent dans la réponse qu'il lui fit alors : « Cessez,
» mon cher fils, lui dit-il, cessez d'entretenir un pa-
» reil dessein : suivez plutôt mes conseils. Je saurai
» pourvoir à vos intérêts mieux que vous ne le feriez
» vous-même. Mon fils, vous devez me remplacer
» un jour dans mes dignités et mes possessions, il
» est donc plus convenable que vous pensiez, dès
» à présent, à contracter une alliance digne de
» votre naissance. Je sais bien que l'état des clercs
» du Seigneur est plus saint et leur donne une plus
» grande espérance d'acquérir le ciel ; mais, mon
» fils, il y a beaucoup de laïques dans le monde
» qui pratiquent fidèlement les vertus chrétiennes,
» et qui parviendront au ciel où d'autres avant eux
» sont arrivés. Je me réjouis beaucoup de voir que
» vous voulez servir Dieu fidèlement, mon très-
» doux fils, mais il faut que vous le fassiez en mar-
» chant sur les traces de vos ancêtres et que vous

» me remplaciez un jour dans les charges qui ap-
» partiennent à votre famille. »

Plus tard, Landri renouvela ses instances, et, cette fois, le comte Mauger consulta ses amis sur le parti qu'il devait prendre. Il ne se dissimulait pas à lui-même la gravité de cette affaire et l'obligation où il était de subordonner sa volonté à celle de Dieu, s'il lui plaisait d'appeler son fils au service des autels. Cette pensée frappa pareillement les hommes sages dont il rechercha les lumières. Tous reconnurent, dans les sollicitations réitérées de Landri, dans la prudence de ses démarches et l'innocence de sa conduite, les marques d'une vocation véritable, devant laquelle il fallait imposer silence à toutes les réclamations de la nature. L'épreuve était douloureuse pour Mauger, qui avait fondé de si belles espérances sur son fils, et il ne fallut rien moins que toute sa foi pour la supporter avec le dévouement chrétien qu'il montra alors. Au moment donc où les amis qu'il a consultés lui manifestent leur résolution, le noble comte, par un suprême effort sur lui-même, fait à Dieu le sacrifice de ses plus chères affections, et se jetant au cou de Landri, il l'embrasse avec tendresse, le couvre de ses larmes et lui permet de rompre avec le siècle pour se dévouer au service du Seigneur. Exemple admirable qui rappelle le sacrifice qu'Abraham était disposé à faire à Dieu de son propre fils pour accomplir sa volonté; exemple, hélas! trop rarement imité par des parents aveugles, qui mettent toutes sortes d'obstacles à la vocation de leurs enfants, quand Dieu les appelle à son service, et qui se montrent si faibles et si complaisants à leur égard quand le monde, où tout est piége, vanité et corruption, leur sourit et leur fait ses promesses mensongères.

Cette abnégation héroïque de Mauger porta presque aussitôt ses fruits, et, pour un fils qu'il donnait à Dieu, Dieu voulut lui donner en retour une nombreuse famille spirituelle qui se perpétuât pendant douze siècles. En effet, quelque temps plus tard, le noble comte se rendit avec la foule du peuple à la consécration du monastère que saint Ghislain venait de bâtir au lieu où s'élève la ville qui porte son nom. C'est là que la grâce l'attendait, et les paroles qu'il entendit sortir alors de la bouche de saint Aubert, évêque de Cambrai, et de l'apôtre saint Amand, achevèrent dans son âme l'œuvre déjà préparée par les événements antérieurs. « Qu'est-ce que la vie présente, frères très-aimés,
» disaient-ils, si ce n'est une vapeur légère qui se
» dissipe en un moment? Efforcez-vous donc d'ac-
» quérir la vie éternelle à laquelle vous êtes appelés,
» et réjouissez-vous de ce que vos noms sont ins-
» crits dans les cieux. Pour arriver à cet ineffable
» bonheur, revêtez-vous des armes de la justice,
» de la cuirasse de la foi, et par la puissance de la
» grâce de Dieu, résistez courageusement aux at-
» taques du démon. Nul n'est plus fort que celui qui
» a vaincu l'esprit mauvais; nul n'est plus faible

» que celui qui s'est laissé vaincre par la chair.
» Repoussez donc avec énergie toutes les attaques
» du démon. Repoussez-les par les veilles, les jeûnes
» et les aumônes, et n'oubliez jamais que la vie de
» l'homme sur la terre est un combat continuel.
» Vivez donc dans la chair sans suivre les désirs
» déréglés de la chair, et que votre âme, ainsi
» maîtresse des sens, en devienne plus forte pour
» la pratique des bonnes œuvres : c'est là la prin-
» cipale vertu. »

Le comte Mauger, profondément recueilli en lui-même, ne perdait aucune de ces paroles. Elles tombaient sur son âme comme une douce rosée qui allait y faire germer les plus éclatantes vertus. Le souvenir de son cher fils Landri et de son généreux renoncement à toutes les espérances du siècle, se réveille en ce moment plus vivement que jamais dans son esprit. Dieu lui-même, si l'on en croit certains auteurs dignes de foi, se manifesta à cet homme au cœur droit et lui envoya, comme autrefois au centurion Corneille, un ange pour l'instruire de ses volontés. « Car estant une nuict assoupi de
» sommeil, voilà paroistre un ange qui le somme et
» commande de la part de Dieu de bastir une église
» à Hautmont, en l'honneur du prince des Apostres,
» dont il en désigna la forme avec un roseau qu'il
» tenoit en main. Ce prince, animé de cette vision,
» qui échauffait de plus en plus son asme à une
» parfaite conversion, communiqua le tout à son
» épouse sainte Waudru et d'un mesme advis s'en

» alla au lieu désigné, où par un autre miracle, il
» fut plus confirmé dans son dessein. Car estant
» proche, il trouva tout le champ couvert d'une
» rosée blanche à guise de neige, la grandeur et
» forme de l'Eglise désignée demeurant toute seiche :
» faveur presque semblable à celle que la vierge fit
» autrefois à Jean, patrice romain, qui trouva un
» matin du mois d'Aoust, sur le mont Esquilin dans
» Rome, la forme d'une église qu'il devait bastir,
» couverte de neige [1]. »

Ces témoignages extraordinaires de la volonté de Dieu ayant déterminé Mauger à quitter le monde, il se rendit à Cambrai auprès du saint évêque Aubert, pour lui communiquer ses intentions et recevoir ses conseils. Le pontife, après avoir mûrement examiné tous les motifs d'une semblable détermination les approuva et il donna la tonsure des clercs au noble comte, qui s'en alla sur le champ commencer la construction du monastère d'Hautmont. L'œuvre fut prompte-ment achevée et l'on entendit bientôt retentir les louanges de Dieu dans ces contrées désertes qui prirent comme un aspect nouveau. C'est à partir de ce moment qu'on donna au comte Mauger le nom de Vincent, pour signifier la victoire qu'il

---

[1] Annales de la Prov. de Haynaut par Vinchant. P. 93. — Bald. chron. Camer. lib. III. cap. 35.

On appelle encore Montagut ou Montaigu le point élevé sur lequel tomba cette neige. Là se voient également les fondations du premier monastère bâti au VIIe siècle par saint Vincent, et le puits qui porte encore son nom.

remportée sur le monde. A la cour, en effet, et avait dans les trois royaumes d'Austrasie, de Neustrie et de Bourgogne où il était généralement connu, tous admiraient le courage avec lequel un si puissant seigneur abandonnait ses richesses, ses charges et ses dignités pour se faire humble serviteur de Jésus-Christ. Bientôt même un nombre assez considérable d'anciens amis et de personnages distingués, que son exemple avait gagnés, vinrent se placer sous sa conduite dans l'abbaye d'Hautmont, devenue un véritable sanctuaire de piété.

On y rencontrait aussi, à différentes époques, des hommes de Dieu qui travaillaient dans les contrées voisines à la propagation de l'évangile. « Les uns après les autres arrivaient sur cette sainte montagne tous ces porte-étendards de la milice de Jésus-Christ, comme des abeilles industrieuses qui quittent la ruche et y reviennent d'un vol rapide. » C'est saint Humbert qui a fondé sur les terres de son patrimoine l'abbaye de Maroilles, saint Ghislain, toujours heureux de se retrouver auprès de Mauger, saint Wasnon qui évangélise les habitants de Condé et des pays environnants, saint Etton de Dompierre, saint Foillan et d'autres apôtres Irlandais qui prêchent la foi dans ces contrées ; c'est saint Ursmar qui commence aussi sa vie apostolique, c'est saint Amand, appelé par un hagiographe « le visiteur assidu d'Hautmont ; » c'est enfin saint Aubert de Cambrai et d'autres serviteurs de Dieu. « Là donc, sur ce mont aussi élevé par la sainteté et la vertu de ses habitants que par le nom qu'il porte, beaucoup d'hommes très-saints se réunissaient et parlaient entre eux du salut des âmes. » C'est là aussi qu'ils méditaient, dans le calme de la solitude, les grandes vérités qu'ils prêchaient aux autres, et dont ils se pénétraient de plus en plus eux-mêmes. Saint Vincent goûtait d'ineffables consolations dans ces entretiens spirituels, et son bonheur augmenta encore à la pensée que sa digne épouse commençait elle-même à en jouir.

En effet, sainte Vaudru, qui sentait se développer de plus en plus en elle le désir de la vie religieuse, se rendit elle-même à Cambrai, par le conseil de saint Ghislain, demander au saint évêque Aubert le voile sacré des veuves. A son retour, elle se rendit dans un endroit appelé château-lieu, où le noble seigneur Hidulphe, son parent, lui bâtit un monastère autour duquel s'éleva peu à peu la ville de Mons.

Une autre consolation était réservée au bienheureux Vincent, et ce fut dans le monastère même d'Hautmont que Dieu la lui envoya, quand il permit que sainte Aldegonde, sœur de sainte Vaudru, y reçût, des mains de saint Aubert et de saint Amand, le voile des vierges. Dès son enfance, Aldegonde, que Dieu voulait attacher à son service par d'indissolubles liens, jouissait de visions surnaturelles. Durant son sommeil des songes venaient charmer son âme innocente : ils l'inclinaient doucement vers l'amour des biens célestes et lui inspiraient un généreux mépris pour les joies fugitives et trompeuses de la terre. D'autres fois, l'époux des âmes vierges, sous la forme d'un petit enfant, lui présentait la robe blanche et la palme que les vierges portent dans le ciel à la suite de l'agneau. Quelques-unes de ces saintes épouses de Jésus-Christ lui apparaissaient aussi pour l'inviter à les suivre. Les anges fortifiaient son cœur contre les séductions; saint Pierre, le prince des Apôtres, lui révélait les secrets d'en haut. On eût dit que le ciel entier s'était abaissé pour préparer cette jeune enfant aux desseins de Dieu sur elle.

Environnée de ces influences célestes, la vierge Aldegonde croissait en vertu à mesure qu'elle croissait en âge devant Dieu et devant les hommes. La grâce, qui se développait rapidement dans son âme, la préparait à cette lutte longue et pénible qu'elle soutint pour rester fidèle à sa promesse de virginité perpétuelle. Déjà, en effet, ses parents la pressaient d'accepter pour époux un jeune prince anglais qui demandait sa main. Bertilie surtout ne laissait échapper aucune occasion de solliciter le consentement de sa fille. Aldegonde souffrait beaucoup de ces instances réitérées, mais sa foi surmontant enfin la crainte qu'elle a d'affliger le cœur d'une mère tendrement aimée, elle lui répond : « Ma
» très-douce mère, pourquoi me flatter ainsi?
» Pourquoi, par ces persuasives paroles, attristez-
» vous mon âme? Je ne vous le cacherai pas et je
» vous découvrirai sincèrement le désir que depuis
» longtemps j'ai conçu dans mon cœur. Vous me

» parlez d'un époux et vous me vantez ses ri-
» chesses périssables ; mais, ma très-douce mère,
», l'époux que je désire est celui qui a pour posses-
» sions le ciel, la terre et la mer, et dont les ri-
» chesses croissent toujours et jamais ne dimi-
» nuent. » Plus tard, quand Aldegonde pouvait croire
que rien désormais ne s'opposerait à son pieux dessein, il arriva que le jeune prince, à qui elle avait
été promise, voulût tenter la violence pour faire céder
cette vocation du ciel aux désirs de son cœur. Ce fut
dans ces circonstances critiques qu'elle se retira pré-
cipitamment au monastère d'Hautmont, où se trou-
vaient en ce moment auprès de saint Vincent les
vénérables évêques Aubert et Amand. Prosternée
en leur présence, Aldegonde leur expose ses vœux
les plus ardents, les luttes qu'elle a déjà soutenues
et les dernières poursuites de l'ennemi qui l'obli-
gent de prendre la fuite dans des solitudes igno-
rées [1]. Les paroles des deux saints Pontifes consolent
et fortifient le cœur de la vierge chrétienne. Elle
leur réitère ses sollicitations, ses assurances et ses
promesses, déclare que rien au monde ne saurait la
retenir et que la mort de ses parents ayant rompu
ses derniers liens, elle veut absolument se consacrer à Dieu. Après cette solennelle déclaration, on

---

[1] La tradition montre encore dans le clos de l'ancienne Abbaye d'Hautmont la fontaine où sainte Aldegonde vint se désaltérer après sa fuite au milieu des bois, pour échapper au jeune prince qui la recherchait.

la conduit dans un oratoire dédié à saint Vaast, l'un des patrons du monastère d'Hautmont. Là, en présence du bienheureux Vincent, l'époux de sa sœur, sainte Aldegonde dépose ses vêtements mondains et prend les humbles habits de la profession religieuse. « Seigneur, dit le pontife, que le secours de votre bonté fortifie et défende votre servante, afin que par votre protection, elle conserve intacte la promesse de la sainte virginité que par votre inspiration elle a embrassée. » Peu de temps après, sainte Aldegonde habitait avec de pieuses compagnes le monastère qui a donné naissance à la ville de Maubeuge. C'est là que les deux filles de saint Vincent et de sainte Vaudru, Madelberte et Aldétrude, allèrent se former sous sa conduite aux vertus qu'on leur verra pratiquer dans la suite.

Cependant de nouveaux disciples étaient déjà venus à Hautmont se joindre aux religieux qui faisaient l'édification de la contrée. On les voyait tantôt se livrant aux pénibles travaux de l'agriculture et rendant féconde par leurs sueurs une terre longtemps inculte, tantôt répétant en chœur des hymnes et des cantiques; d'autres fois, présentant aux pauvres et aux malheureux les dons de la charité, ou leur annonçant les vérités saintes de la religion. Le spectacle de tant de vertu, de charité et de dévouement faisait une vive impression sur l'esprit des hommes de la contrée. Surtout ils ne pouvaient assez admirer le bienheureux Vincent qui, de grand seigneur dans le monde, était devenu un humble serviteur de Jésus-Christ et des pauvres. C'était lui qui entretenait dans la communauté cet esprit de religion et de régularité qui la rendait si édifiante aux yeux de tous. Souvent on l'entendait rappeler à ses disciples « la vie des anciens religieux, la sainteté de leurs œuvres et la gravité de leurs mœurs. Il les invitait à les imiter pour obtenir de Dieu comme eux la gloire dans le ciel. Repousser tous les désirs d'une ambition terrestre, soupirer sans cesse après la possession de la beauté infinie, et méditer souvent sur les châtiments réservés aux aveugles partisans de ce monde méprisable, » telles sont les pensées qu'il leur communiquait pour entretenir dans leurs âmes les saintes ardeurs de la charité. Mais si l'influence des discours du bienheureux Vincent était grande sur l'esprit des religieux d'Hautmont et des habitants du pays, celle de ses exemples l'était encore plus. « On voyait, en effet, ce puissant seigneur, autrefois revêtu des insignes de ses dignités, maintenant couvert d'un habit rude et grossier, et celui qui avait passé une partie de sa vie à la cour des princes, aujourd'hui perdu au milieu d'une contrée encore inculte et presque sauvage. Cet ancien commensal des rois ne prenait plus pour nourriture qu'un morceau de pain trempé dans l'eau et n'avait souvent, pour se reposer, que la terre nue. »

Sainte Vaudru ne donnait pas de moindres exemples de religion et de charité dans sa communauté. Il plut même à Dieu de récompenser, dès cette vie, par d'abondantes faveurs spirituelles, les sacrifices qu'elle avait faits pour lui. Son humilité profonde et la paix habituelle de son âme l'aidèrent à pénétrer dans les mystérieux secrets du ciel. A ces lumières intérieures le Seigneur ajouta bientôt des prodiges plus sensibles, qui révélèrent au monde la haute vertu de cette sainte femme. Un jour qu'elle remettait une somme d'argent pour le rachat des captifs, le poids en augmenta tout à coup dans la balance d'une manière si considérable que la personne de confiance à qui elle la donnait en était tout hors d'elle-même. Une autre fois une pauvre femme en pleurs vint la trouver avec son enfant qui, depuis quatre jours, ne prenait plus de nourriture et dépérissait visiblement. Elle pria sainte Vaudru de poser sa main sur la tête du petit moribond, persuadée que Dieu, en considération de sa servante, lui accorderait la guérison de son fils ; ce qui arriva en effet dans le même moment. Dans une autre circonstance, un nouveau-né lui fut présenté si faible et si malade que l'on craignait à chaque instant de le voir mourir. La mère conjura aussi sainte Vaudru de placer ses mains sur la tête de l'enfant. La sainte y consentit et fit le signe de la croix sur le front de cette frêle créature, qui frissonna aussitôt de tout son corps, jeta un petit cri et ouvrit les yeux qui jusqu'alors étaient restés fermés. Cet enfant, dans la suite, embrassa l'état ecclésiastique.

Pendant que saint Vincent et sainte Vaudru édifiaient et consolaient ainsi tout le pays, Landri, leur fils, était appelé au gouvernement de l'église de Meaux. On a vu comment ce jeune seigneur avait obtenu de son père la permission d'entrer dans les rangs du clergé. Dès ce moment, il avança plus rapidement encore dans la carrière des vertus. Sa plus douce occupation était de prier, de méditer les grandes vérités de la foi et d'accomplir toutes les fonctions de son ministère. Les auteurs ne disent point dans quel lieu ni auprès de quel évêque il vivait; mais on peut croire que c'était dans le diocèse de Cambrai, où résidait sa famille. Elevé sur le siége épiscopal de Meaux, il continua avec une nouvelle ferveur les œuvres saintes qu'il avait accomplies jusqu'alors. Tous ses biens devenaient le patrimoine des pauvres, qui bénissaient sans cesse le ciel de leur avoir donné un si digne pasteur. Malgré les travaux et les fatigues de l'épiscopat, saint Landri affaiblissait encore ses membres par les jeûnes, les mortifications et les veilles, et se livrait avec ardeur à la lecture des livres sacrés pour sa propre édification et pour l'instruction de son troupeau. Telles étaient ses occupations quand un message lui annonça la maladie de son père, et son vif désir de le voir avant de mourir. Saint Landri se transporta en toute hâte à Soignies, dans le Hainaut, car c'est là que le bienheureux Vincent, afin de vivre dans une solitude plus profonde et un plus complet éloignement du monde, avait fait construire un second monastère. « Fils bien-aimé, lui

» dit-il en le voyant ainsi que ses enfants spirituels
» réunis autour de lui, la clémence divine vous a
» destiné à gouverner ces religieux ; elle vous place
» à la tête de ce troupeau. Entreprenez cette œuvre
» avec confiance ; le Seigneur sera avec vous. Gou-
» vernez avec la bonté de cœur et l'intelligence
» que Dieu a mises en vous. Vous mériterez ainsi
» d'entrer dans la gloire du ciel et de recevoir la
» magnifique récompense que Dieu réserve à ses
» serviteurs. » Landri promit à son père d'accomplir sa volonté et de prendre soin des deux communautés d'Hautmont et de Soignies. Le saint vieillard, tranquille sur l'avenir des disciples qu'il laissait sur la terre, ne pensa plus qu'aux choses de l'éternité, jusqu'à l'heure où il remit paisiblement son âme à Dieu, vers l'an 677. On l'inhuma dans ce même monastère de Soignies, qui devint le berceau de la ville de ce nom. Des guérisons extraordinaires obtenues par son intercession déterminèrent les évêques de Cambrai à rendre à sa mémoire les honneurs qu'elle méritait. Son corps fut successivement renfermé dans deux châsses précieuses et d'un travail remarquable. La première avait été donnée par la comtesse de Hainaut, Marguerite, fille de Bauduin de Constantinople. La seconde, dont le dessin est reproduit dans le grand ouvrage des Bollandistes, portait sculptés sur ses contours, les différents personnages dont se composait la famille de saint Vincent.

Durant les invasions des Normands, le comte de

Hainaut, Renier au long-col ayant été vaincu par ces barbares à la bataille de Walcheren, voulut porter lui-même sur ses épaules les reliques de saint Vincent, que l'on alla cacher avec beaucoup d'autres dans la ville de Metz. L'histoire de Mons rappelle encore qu'en 1349, au moment où la peste noire exerçait d'épouvantables ravages dans toute la contrée, les habitants de la ville et ceux de Soignies portèrent religieusement en procession les reliques de saint Vincent et de sainte Vaudru. Jamais on n'avait vu une affluence de monde aussi considérable. Des auteurs élèvent jusqu'à cent mille le nombre des personnes qui y assistaient. Dieu exauça les prières de ce peuple suppliant et le fléau disparut presque aussitôt du pays.

Sainte Vaudru, qui mourut neuf ans après son époux (686) a toujours été regardée comme la patronne de Mons. « C'est à son culte, dit Gilles de Bossu dans son histoire, que cette ville est redevable qu'elle soit la capitale de la province, et les faveurs continuelles qu'en reçoivent les habitants méritent leurs respects et leurs vénérations. »

Quant à sainte Aldegonde, qui passa au Seigneur vers l'an 685, son corps reposa quelque temps à Cousolre, son pays natal, puis à Maubeuge, dans une crypte placée sous un autel de l'église du Vieux-Moustier, ainsi que le portait une ancienne tradition. Pour juger de la célébrité du nom et du culte de cette sainte, il suffit de rappeler que plus de quarante paroisses en France, en Belgique et jusqu'en Espagne la vénèrent comme leur patronne. A Mons, dans la magnifique église de sainte Vaudru, on voit encore plusieurs belles statues représentant sainte Aldegonde avec ses deux nièces, Madelberte et Aldétrude, dans une chapelle qui lui est dédiée.

Ces deux filles de saint Vincent et de sainte Vaudru passèrent la plus grande partie de leur vie au monastère de Maubeuge dans la compagnie de leur tante. Les exemples de leur famille entière, où leur enfance n'avait vu que des choses édifiantes et entendu que des paroles sages, avaient déjà développé dans leur cœur les heureuses dispositions que la grâce et la nature y avaient réunies. Aussi sainte Aldegonde n'eut pas de peine, pour les faire entrer dans les voies de la perfection à laquelle le Ciel les appelait. Uniquement occupées du soin de plaire à Dieu, elles croissaient toutes deux en sagesse et goûtaient un bonheur ineffable dans l'accomplissement des devoirs qui leur étaient prescrits. Rien ne paraissait pénible à leur ferveur, et loin d'accepter les adoucissements que leur âge réclamait, elles s'imposaient souvent, au contraire, de nouvelles charges et de plus grandes fatigues. Mais autant leur amour pour Dieu était ardent, autant leur charité envers le prochain les rendait ingénieuses à deviner ses besoins. Cette compassion pour les malades et les pauvres, qu'elles avaient comme sucée avec le lait, augmentait encore avec l'âge, et chaque fois que les circonstances le permettaient, elles en donnaient les plus touchants témoignages.

Leurs compagnes ressentaient pareillement les effets de cette charité de sainte Madelberte et de sainte Aldétrude, qui leur rendaient, avec une humilité qui en relevait encore le prix tous les offices de la plus délicate prévenance. Aussi les deux jeunes servantes de Jésus-Christ étaient-elles chéries de toutes les sœurs qu'elles édifiaient par tant de vertu. « Elles préparaient donc et ornaient leur lampe, dit l'historien de leur vie, afin que quand l'époux des âmes viendrait frapper à la porte, il ne fût point obligé d'attendre et qu'elles entrassent avec lui dans la gloire du ciel. Car, disait la vierge Aldegonde à ses nièces, quand Dieu découvre des âmes remplies de son amour et embrasées du désir de lui plaire, il les attire doucement à lui par les attraits de sa grâce, afin qu'elles croissent toujours de plus en plus dans la ferveur, qu'elles tendent avec une continuelle ardeur vers les biens célestes, et que, méprisant les vaines délices du siècle, elles marchent d'un pas ferme et inébranlable dans la voie qui conduit au ciel. »

Choisie pour diriger, après la mort de sainte Aldegonde, le monastère de Maubeuge, Aldétrude s'en acquitta avec sagesse. Toutes les saintes filles qui y servaient le Seigneur, continuèrent sous sa conduite leurs progrès dans la piété et la perfection de leur état ; de sorte que l'on crut perdre une seconde fois sainte Aldegonde elle-même, lorsque, douze ans plus tard (696) la bienheureuse Aldétrude alla la rejoindre au ciel.

Chargée à son tour de conduire la pieuse communauté, Madelberte marcha sur les traces de sa tante et de sa sœur. Elle était véritablement le modèle comme la supérieure de ses compagnes, qui admiraient en elle l'assemblage de toutes les vertus religieuses. Sans cesse recueillie devant Dieu, la sainte Abbesse se laissait diriger en toutes choses par ses inspirations et ses volontés. Sa prière était pour ainsi dire continuelle, et ses mortifications aussi grandes que multipliées. Une douce gaieté brillait sur son visage où respiraient l'innocence, la douceur et la bonté. Lorsque l'esprit de ténèbres cherchait à la troubler par ses attaques, elle recourait à Jésus-Christ avec confiance, répétant avec le prophète : « O mon Dieu, dirigez mes pas dans la voie de vos commandements, afin que je ne sois point ébranlée. Je vous offrirai de tout mon cœur un sacrifice de louange, et sans cesse je bénirai votre saint nom. » Après avoir gouverné sa communauté l'espace de neuf ans, sainte Madelberte s'en alla, la dernière de son illustre et sainte famille, recevoir au ciel la récompense de ses vertus et de ses bonnes œuvres. Son nom, comme celui de sainte Aldegonde et de sainte Aldétrude, a été de tout temps en vénération à Maubeuge et dans les pays voisins.

Ajoutons quelques mots sur saint Dentelin, le plus jeune des enfants de saint Vincent et de sainte Vaudru, qu'on honore, le 14 juillet, dans la ville de Rées au duché de Clèves. Les leçons de l'office de ce jour ne donnent aucun détail sur ce jeune enfant, mais parlent plutôt de ses pieux parents. En voici un extrait : « Saint Vincent eut ensuite pour fils saint Dentelin, notre glorieux patron. Régénéré en Jésus-Christ par le baptême, l'enfant s'envola bientôt vers le Seigneur. Ainsi s'accomplit cette parole : Laissez venir à moi les petits enfants, car le royaume des cieux est pour eux ; et celle-ci du prophète : Vous avez tiré votre louange, Seigneur, de la bouche des enfants et de ceux qui sont encore à la mamelle. On peut dire que Dieu n'a point permis qu'il fût exposé aux orages de la mer du monde, et qu'il a été enlevé de peur que la malice ne séduisît son esprit et que le mensonge ne trompât son cœur. Son âme était agréable à Dieu, c'est pourquoi il s'est hâté de le retirer du milieu des iniquités. »

Telle a été cette noble et religieuse famille du bienheureux Vincent, dont les vertus ont répandu sur tout le pays d'Hautmont comme un parfum de religion et de piété. Puisse l'imitation de ces vertus l'y conserver à jamais ! Puissent les pères et mères de famille comprendre toujours l'obligation importante qu'ils ont d'élever leurs enfants dans la chaste crainte du Seigneur, qui est le commencement de la sagesse ! Puissent aussi les enfants, par une respectueuse docilité envers leurs parents, par la fuite des occasions du péché et un attachement inviolable au service de Dieu, se préparer, comme leurs saints patrons, une magnifique récompense dans le ciel.

DEUXIÈME PARTIE.

Les Saints qui ont vécu dans l'abbaye d'Hautmont.

Outre les saints qui composent la famille de saint Vincent, il en est d'autres dont il importe de rappeler le souvenir, soit qu'ils aient vécu comme abbés ou religieux dans l'abbaye d'Hautmont, soit qu'ils y aient fait un séjour signalé par les historiens du pays. Le premier, dans l'ordre des dates, est saint Vulmer ou Vulmar. Il naquit dans la partie du Boulonnais, qui portait alors le nom de *Sylviacum*. Son père, Vulbert, et sa mère, Duda, étaient tous deux de haute naissance et avaient une grande piété. Les auteurs gardent le silence sur ses premières années et ne disent rien de sa conduite dans la famille ; mais il est facile de deviner quels progrès il avait déjà faits dans la vertu, quand on considère la résolution extraordinaire qu'il prit au moment où il eut à endurer une des déceptions les plus amères pour le cœur de l'homme. Voici comment l'historien de sa vie rapporte le fait.

Vulmar, arrivé à l'âge de contracter une alliance

dans le monde, avait fixé son choix sur une jeune personne de la contrée appelée Osterhilde. Des conditions avaient-elles été proposées et acceptées de part et d'autre par les familles ? Avait-on voulu se débarrasser par un nouvel engagement d'une union prochaine qu'on cherchait à éviter ? La concision du biographe ne permet pas d'éclaircir ces doutes. Quoi qu'il en soit, la suite du récit montre qu'un seigneur, déjà fiancé à Osterhilde, porta sa plainte devant le roi, qui lui donna raison contre Vulmar. Une âme livrée à l'esprit du siècle eût trouvé dans cette contradiction un sujet de tristesse, d'abattement, peut-être de désespoir. Mais Vulmar, qui n'avait agi qu'avec les intentions les plus pures, sentit au contraire naître en lui un profond dégoût pour le monde et ses affections passagères. Quittant secrètement la maison paternelle, il s'éloigna de son pays, et alla demander une place parmi les frères qui servaient Dieu à Hautmont. Autant que l'incertitude des dates permet de conjecturer, saint Vincent gouvernait encore alors cette abbaye. L'esprit de régularité et de ferveur qui y régnait fit sur le jeune Vulmar une heureuse impression. L'abbé put s'en convaincre promptement par la manière dont le nouveau disciple s'acquitta des fonctions qui lui furent assignées. On le chargea, en effet, de prendre soin des bœufs du monastère et de porter aux frères les bois dont ils avaient besoin pour leurs travaux. Ce fils d'un seigneur du Boulonnais se soumit avec simplicité à ces ordres, et il se réjouissait intérieurement de pouvoir par cette humiliation imiter les abaissements infinis du Dieu qu'il avait pris pour son unique partage. Ce fut dans le même temps que Dieu, qui avait des desseins cachés sur cet homme au cœur droit, lui inspira le désir d'étudier les saintes écritures. Vulmar, comme beaucoup d'autres jeunes gens à cette époque, avait reçu peu d'instruction et dut commencer par les éléments de la science; mais les difficultés ne le rebutèrent point. Ce désir si louable des connaissances sacrées et divers incidents qui révélèrent toute la pureté de ses intentions, déterminèrent les supérieurs à lui faire suivre les classes du monastère, où en peu de temps il fit de rapides progrès. On l'admit alors au rang des clercs, parmi lesquels il se distingua également par toutes sortes de bonnes œuvres. Un trait mérite surtout d'être rapporté : il prouvera, mieux que tout ce qu'on peut dire, les sentiments dont son âme était remplie.

Depuis quelque temps, pendant que les frères prenaient leur repos, Vulmar allait en silence prendre leur chaussure qu'il nettoyait et remettait ensuite à leur place. Les religieux, à leur réveil, étaient tout étonnés de ce qu'ils voyaient, et l'abbé, qui en eut connaissance, attribua ce pieux stratagème à la vertu d'un frère que sa modestie avait tenu cachée. Toutefois afin de s'assurer de la vérité, il laissa lui-même à dessein sa chaussure couverte de boue auprès de sa couche. La nuit suivante, Vulmar se leva pour remplir son charitable office. Arrivé auprès de son supérieur, il prend les sandales et se dispose à aller les nettoyer à l'écart. L'abbé, qui veillait silencieux, se soulève au léger bruit qu'il entend et saisissant Vulmar par son habit, il lui demande qui il est. L'humble religieux garde d'abord le silence; mais l'abbé insistant : « Je suis Vulmar, lui dit-il, le moindre de vos enfants. » — « Mon fils, répond aussitôt l'abbé, faites ce que vous désirez. » Et Vulmar prenant la chaussure se retira.

L'humilité est la mère des vertus : on devait donc les rencontrer toutes dans le cœur du bienheureux Vulmar. C'est aussi le témoignage que lui rendent les plus anciens auteurs. « Il était, disent-ils, rempli d'une courageuse énergie pour vaincre ses passions, et résister aux ennemis du salut. Son cœur brûlait d'amour pour Dieu, et son désir de lui plaire lui faisait surmonter les plus grandes difficultés. Sa charité envers le prochain n'était pas moins admirable; aussi tous l'aimaient et lui étaient extrêmement affectionnés. » Tant de motifs réunis déterminèrent ses supérieurs à lui faire recevoir le caractère sacerdotal, afin qu'il pût rendre de nouveaux services à ses frères et que les exemples de sa piété fissent encore une impression plus profonde. La vertu de Vulmar s'alarma de ces honneurs dont il se jugeait si indigne. Dieu en même temps lui ayant inspiré la pensée de vivre dans une solitude plus complète, il se retira dans les bois de la Flandre, vraisemblablement au lieu où se trouve aujourd'hui le village d'Eecke, non loin de Cassel. S'étant là renfermé dans un arbre creux, il resta en prière trois jours et trois nuits sans prendre de nourriture. Cette conduite extraordinaire de quelques saints peut paraître singulière à certains esprits peu familiarisés avec les secrets admirables des voies de Dieu ; mais il est facile de reconnaître que toujours son aimable Providence vient en aide à ceux qu'elle dirige et qu'elle multiplie avec les témoignages de son amour les moyens de sanctification au milieu des hommes. Ainsi arriva-t-il encore en cette occasion. En effet, la nuit du troisième jour, un ange apparut en songe à un seigneur de la contrée et lui adressa au nom de Dieu ces paroles : « Pendant que vous trouvez tout en abondance dans votre maison, mon serviteur, qui est dans la forêt, meurt de faim. » A son réveil, cet homme raconta à son épouse la vision qu'il avait eue et l'ordre du ciel de porter secours à un serviteur de Dieu : « Mais, ajouta-t-il, j'ignore le lieu où il se trouve. La noble dame, très-pieuse elle-même et d'une foi vive, lui répondit : « Allez sans hésiter et faites ce qui vous est commandé. Je vais vous préparer du pain et tout ce qui est nécessaire. Si cette vision vient de Dieu, lui-même vous accompagnera jusqu'au lieu désigné. » Ce seigneur étant donc monté à cheval, prit ce qu'avait préparé son épouse. Celle-ci, en le quittant, lui dit encore : « Laissez aller votre cheval en toute liberté : croyez que Dieu le conduira vers le lieu où se trouve son serviteur. » Il fit comme la pieuse dame avait recommandé, et le Ciel, bénissant leur foi et leur charité, permit que l'animal se dirigeât de lui-même vers l'arbre auprès duquel le solitaire était en prière. Aussitôt que le cavalier l'aperçut de loin : « Dites-moi, je vous prie, s'écria-t-il, si vous êtes un serviteur de Dieu, car il m'a envoyé vers vous. » — « Quoique bien indigne de ce nom, je le suis néanmoins, répondit Vulmar, et autant qu'il est en mon pouvoir je désire lui être agréable. » Alors le charitable gentilhomme s'approcha, et descendant de cheval il présenta la nourriture. « Puisque vous êtes un serviteur de Dieu, lui dit le noble seigneur avant de le quitter, venez avec moi ; je vous donnerai une portion de mes biens pour y construire une cellule. Vous pourrez alors gagner plus facilement des âmes à Jésus-Christ. » Vulmar ayant consulté Dieu, se rendit à cette proposition. Une petite église fut aussitôt bâtie dans un lieu convenable où il commença à instruire les peuples qui venaient en foule l'écouter. En peu de temps il ramena un nombre considérable de pécheurs à Dieu et produisit des fruits abondants de salut dans toute la contrée.

Plus tard, Dieu inspira à saint Vulmar la pensée de se rapprocher de son pays natal. Il alla se fixer entre la ville actuelle de Dèvres et le village de Tingry, où il fonda deux monastères, l'un de filles dont il confia la direction à la vertueuse Bertane, sa nièce ; l'autre d'hommes qu'il dirigea lui-même. Ce fut là qu'il reçut un jour la visite du pieux Céadwale, l'un des rois Saxons de Grande-Bretagne (Angleterre.) Ce prince, qui avait entrepris le pèlerinage de Rome, débarqua sur les côtes de Morinie, et frappé de tout ce qu'il entendait dire de la sainteté de Vulmar, il voulut le visiter. Arrivé en présence du vieillard, il lui rendit tous les témoignages du plus profond respect. « J'ai appris, lui dit-il, que vous étiez un homme tout dévoué à Dieu; c'est pourquoi je vous conjure d'intercéder pour moi auprès de lui, parce que je ne sais pas le prier. » En même temps il invita le saint à accepter les dons qu'il lui offrait pour achever les deux monastères ; mais Vulmar s'y refusa et ne voulut prendre que trente pièces d'or pour son église. Le charitable pèlerin lui demanda ensuite sa bénédiction et partit plein de joie pour Rome où il mourut saintement.

Citons encore un dernier trait d'une touchante simplicité qu'on lit dont la vie de saint Vulmar. Un voleur ayant pénétré la nuit dans son monastère, enleva un cheval sur lequel il eut hâte de s'enfuir. Mais soit que la frayeur, compagne ordinaire du crime, l'eût saisi au point de ne plus reconnaître sa route, soit que Dieu voulût le punir pour le ramener au bien, le malfaiteur erra tout le reste de la nuit par des chemins inconnus et se retrouva le matin à la porte de l'abbaye. En ce moment deux religieux sortaient pour aller travailler à la campagne. Apercevant le voleur, ils l'arrêtent et l'emmènent, sans qu'il tente nulle résistance, vers l'abbé. Le saint vieillard représenta avec bonté au voleur le mal qu'il avait fait, lui parla de Dieu, de sa miséricorde et de sa justice, puis, l'ayant engagé à vivre désormais en bon chrétien, il le renvoya dans sa famille.

Telle fut la vie de saint Vulmar, tout entière à la pratique des vertus et des œuvres de charité. Jusque dans une extrême vieillesse, il continua les mortifications qu'il avait embrassées à son entrée en religion. Son bonheur augmentait encore quand il pouvait par ses privations ajouter au soulagement des pauvres souffrants de Jésus-Christ. « Car, ajoute en finissant l'historien de sa vie, dispensateur libéral des dons qu'on lui faisait, il distribuait tout de ses propres mains aux pauvres et aux malheureux. » Il mourut un 20 juillet, vers l'an 700, et fut enseveli dans son monastère autour duquel s'est formée la ville de Samer. L'église, qui ne reconnaît entre ses enfants d'autre distinction que celle de la vertu, célèbre presque en même temps (14 et 20 juillet) la fête de saint Vincent, le puissant seigneur de la cour devenu le fondateur de l'abbaye d'Hautmont, et celle de saint Vulmar, longtemps chargé du soin des étables dans cette même abbaye. Elle seule a le secret de la véritable égalité, comme elle inspire seule la vraie fraternité et donne aux peuples la première de toutes les libertés, celle des enfants de Dieu.

Dans le temps que saint Vulmar édifiait par sa piété les frères d'Hautmont, un autre saint, chassé de son siége métropolitain par des hommes pervers, arrivait au même monastère où on l'avait exilé. C'était saint Ansbert, l'un des personnages les plus remarquables de l'église de France au septième siècle et l'une des nombreuses victimes de la jalousie des Grands à cette époque. Il naquit à Chaucy, dans le Vexin, d'une noble et puissante famille. Vainement son père, Siwin, chercha à l'attacher au monde en le faisant fréquenter la cour et prendre part à des chasses ou autres divertissements : le jeune Ansbert ne songeait qu'à se consacrer à Dieu dans quelque retraite ignorée. Après avoir exercé quelque temps la charge de chancelier que le roi Clotaire III lui imposa, il trouva une occasion favorable de quitter la cour et se rendit à l'abbaye de Fontenelle en Normandie. Dès ce jour, ses vertus parurent prendre comme un nouvel éclat, et tous les religieux, qui avaient pour lui une respectueuse affection, s'édifiaient de sa douceur, de son humilité et de son esprit d'abnégation. Rien ne paraissait pénible à sa ferveur, malgré le changement que l'état monastique apportait à toutes ses habitudes. A l'exemple des saints, il puisait avec bonheur dans les divines Ecritures les pensées célestes et les consolations ineffables de la foi. Ce fut au milieu de ces pieux exercices que, par l'ordre de son supérieur, il reçut le sacerdoce des mains de saint Ouen. Un peu plus tard, il fut élu abbé de Fontenelle, puis, à la mort de saint Ouen, archevêque de Rouen.

Toutes les espérances qu'on avait conçues du vénérable Ansbert furent pleinement confirmées. Il se montra véritablement l'homme de Dieu et le fidèle ministre de ses volontés. A tous les instants du jour on le trouvait occupé des œuvres de piété ou de charité. Il visitait souvent les paroisses de son diocèse, réveillant la foi, extirpant les vices et les pratiques superstitieuses, fondant des églises, rappelant les pécheurs à la pénitence et les encourageant dans leurs efforts vers le bien. Ce qui le préoccupait encore vivement, c'était le soin des pauvres et de tous ceux qui étaient dans le besoin. Saintement prodigue des richesses que la Providence lui avait départies, il les distribuait en aumônes avec une telle discrétion qu'on eût dit qu'il n'y avait plus d'indigents auprès de lui. Malades, infirmes, pauvres, orphelins, étrangers, recouraient à lui avec empressement et recevaient de sa main libérale les dons de la charité. Les habitants de Rouen étaient heureux de posséder un si saint pasteur, et ils le témoignaient en s'efforçant de mettre en pratique les sages conseils qu'il leur donnait souvent du haut de la chaire. Un jour qu'il célébrait les divins mystères, saint Ansbert adressa un discours au peuple réuni et annonça quelques événements qui ne devaient pas tarder à s'accomplir. Il semblait en ce moment que l'Esprit de Dieu lui ouvrait l'avenir et mettait sur ses lèvres les paroles qu'il prononçait. Elles firent sur son auditoire une si profonde impression que beaucoup se convertirent, ou s'appliquèrent avec une nouvelle ferveur aux œuvres de religion. Témoin de ces bonnes dispositions de son peuple, le saint archevêque en remerciait le Seigneur, le conjurant de le défendre toujours contre les ennemis du salut. Or, tandis qu'il s'occupait ainsi des devoirs de son divin ministère, des hommes jaloux et malveillants l'accusèrent faussement à la cour. Pépin d'Héristal, alors maire du Palais, eut l'imprudence de prêter l'oreille à leurs calomnies, et cette première faute, que l'amour-propre ne voulut point reconnaître, le porta à en commettre bientôt une autre plus grave encore. Sans donner le temps de démasquer l'imposture et de confondre les accusateurs, sans se laisser toucher par les supplications d'un peuple désolé, il condamna le vénérable archevêque à se retirer à l'abbaye d'Hautmont, loin de son diocèse. Fort de son innocence et remettant à Dieu le soin de la faire éclater un jour, le serviteur de Dieu, après avoir béni une dernière fois ses ouailles, prit tranquillement le chemin de l'exil.

Arrivé dans ce monastère que gouvernait alors le sage et prudent Halidulphe, saint Ansbert ne tarda pas à devenir pour tous un sujet d'édification. Il y avait trouvé un grand esprit de ferveur et de régularité; mais on peut dire que sa présence l'y développa encore. Aussi tous les religieux lui étaient sincèrement attachés et avaient pour lui une affection vraiment filiale. Ils aimaient à l'entendre parler de Dieu, et il le faisait avec un sentiment de foi si vif et si pénétrant que tous en étaient touchés. Il est permis de croire que ce fut à leur demande que le saint composa plusieurs livres de piété qu'on a conservés longtemps au monastère d'Hautmont.

Cependant l'ennemi de tout bien, jaloux des fruits de sanctification que produisait en ce lieu le digne archevêque, voulut aggraver encore pour lui les peines de l'exil. A son instigation, quelques seigneurs soupçonneux et pervers persuadèrent au roi Thierri III que la présence d'Ansbert dans le royaume était toujours dangereuse. Le saint, qui gémissait de voir avec quelle déplorable facilité on abusait de l'inexpérience d'un jeune prince, pria Halidulphe de se transporter lui-même à la cour, pour essayer d'éclairer le roi et lui montrer la fausseté des accusations portées contre lui. La démarche de l'abbé d'Hautmont eut un plein succès. Le roi reconnut l'innocence du saint archevêque de Rouen et lui permit de retourner dans son église. Halidulphe revint en toute hâte annoncer cette heureuse nouvelle au vieillard, qui s'écria aussitôt les yeux baignés de larmes : « Je vous rends grâces, ô bon Jésus, parce que vous avez rompu les liens de votre serviteur. Vous avez fait entendre des paroles sages aux oreilles du prince; vous m'avez délivré des poursuites de mes ennemis, et, dans mon exil vous m'avez donné des témoignages de votre amour. » Dieu, qui voulait récompenser l'héroïque patience de saint Ansbert, ne lui laissa pas le temps de retourner vivant dans son diocèse, et lui donna même un secret pressentiment de sa mort prochaine. Le vénérable exilé envoya demander aussitôt à Pépin d'Héristal la permission de faire transporter son corps au monastère de Fontenelle, puis sentant son mal augmenter, il fit célébrer en sa présence le divin sacrifice, reçut la communion du corps et du sang adorables du Sauveur, donna une dernière bénédiction à tous ceux qui l'environnaient et s'endormit paisiblement dans le Seigneur. « Son âme simple, pure et candide, exempte de toute souillure du siècle, fut reçue par les chœurs des anges et transportée dans les cieux, où elle jouit de la félicité éternelle dans la société des élus de Dieu. »

Les religieux d'Hautmont rendirent à la dépouille mortelle du saint archevêque tous les honneurs qui lui étaient dus. Selon la coutume, ils lavèrent son corps, le revêtirent de ses habits pontificaux, puis le placèrent dans une sorte de sépulcre en attendant le retour des hommes envoyés vers le maire du Palais. Ceux-ci arrivèrent avec une réponse favorable dix-sept jours après le trépas du bienheureux. Sur le champ on se mit en devoir d'ouvrir le cercueil en présence des religieux d'Hautmont, d'une partie des religieux de Fontenelle et de plusieurs notables habitants de Rouen, venus pour emporter avec eux le corps de leur premier pasteur. Une odeur suave, qui se répandit en ce moment dans l'assemblée y causa la plus douce émotion, ainsi que la vue de deux croix gravées sur les bras du saint, et qu'on aperçut en le revêtant des ornements apportés par les moines de Fontenelle. Tout étant préparé pour le départ, ces religieux et les notables de Rouen qui les avaient accompagnés, reçurent avec respect le dépôt sacré et se mirent en chemin, « les larmes aux yeux et la joie dans le cœur. » Le vénérable Halidulphe avec la communauté d'Hautmont et une foule d'habitants du pays les suivirent portant des cierges allumés et chantant des hymnes sacrés. Plusieurs guérisons miraculeuses furent opérées avant que le corps de saint Ansbert arrivât au lieu de sa destination. Les auteurs signalent en particulier celle qui eut lieu à Solesmes. Le cortége s'y étant arrêté pour passer la nuit, un homme se présenta tenant dans ses bras sa fille toute paralysée. Plein de confiance en l'intercession du saint exilé d'Hautmont, il le conjura de rendre à son enfant l'usage de ses membres. Sa prière fut exaucée, et cette jeune fille, incapable de marcher et même de se tenir debout, retourna pleine de joie dans sa famille. Le cortége ayant continué sa marche, Halidulphe avec une partie des religieux d'Hautmont l'accompagna jusqu'au lieu où se trouve aujourd'hui le village de St-Leu, au diocèse de Beauvais. Quelques jours plus tard, la communauté de Fontenelle recevait la dépouille sacrée de saint Ansbert, qu'elle déposait avec honneur dans l'église de St-Paul. Depuis cette époque des rapports de prière et de sainte amitié s'établirent et se perpétuèrent entre les deux abbayes de Fontenelle et d'Hautmont, qui célébraient chaque année la fête de celui qu'elles regardaient comme leur commun patron auprès de Dieu [1].

---

[1] Depuis un temps immémorial on connaît à Hautmont une terre qui porte le nom de *champ de Saint Ansbert*, où une chapelle a été bâtie sous son vocable. Un religieux de l'abbaye venait à différentes époques y dire la sainte messe. Ce champ de saint Ansbert se trouve près de la ligne du

La mort de l'abbé Halidulphe suivit de près celle de saint Ansbert (700). A partir de cette époque, une grande incertitude règne sur les faits qui se passèrent à l'abbaye d'Hautmont [1]. Dans sa chronique de Cambrai, Balderic dit qu'à l'exemple de saint Vincent, les religieux de ce monastère vécurent dans une admirable piété jusqu'au jour où les invasions des barbares les contraignirent de prendre la fuite. On sait quels ravages les Normands firent en France et surtout dans ces provinces, pendant presque tout le neuvième siècle. Plus tard les Hongrois, non moins féroces, se jetèrent à leur tour sur le pays, détruisant tout sur leur passage. A ces maux déjà extrêmes de l'invasion étrangère se joignirent souvent les guerres civiles entre les descendants de la famille de Char-

---

chemin de fer, en face de l'usine des aciers français. Le propriétaire actuel de ce terrain y a fait bâtir, avec l'autorisation de Monseigneur Giraud, archevêque de Cambrai, une nouvelle chapelle, qui fut bénite en 1849 au milieu d'un immense concours de spectateurs recueillis et en prière. On y plaça la statue de saint Ansbert, vénérée dans l'ancienne chapelle et conservée pendant la révolution au prix des plus grands sacrifices.

[1] Quelques auteurs avancent que le pape Léon III visita l'abbaye d'Hautmont en 804. Nous ne connaissons point de texte positif sur ce fait. Seulement on sait que ce pontife, accompagné du fils aîné de Charlemagne, passa à cette époque à Reims et Carizy, se rendant auprès de l'empereur à Aix-la-Chapelle. Les annales de Baronius (anno 804), ne citent que ces deux localités.

lemagne. Deux souvenirs seulement, ou plutôt deux simples indications, appartiennent à cette lamentable période. La première est tirée du testament de saint Anségise, abbé de Fontenelle, vers l'an 831. Il y est parlé d'une donation de « quinze sols à l'abbaye d'Hautmont, où saint Ansbert a été enfermé et où il mourut exilé. » La seconde rappelle que le monastère d'Hautmont se trouvait dans les états de Charles-le-Chauve, d'après le partage fait l'an 870, entre les fils et petits-fils de Louis-le-Débonnaire.

On voit dans la vie de saint Brunon, archevêque de Cologne, qu'il vint rétablir à Hautmont l'observance monastique. L'empereur Othon-le-Grand, son frère, lui ayant confié le gouvernement du royaume de Lorraine, dont faisait alors partie le Hainaut, le saint étendit surtout son zèle et sa sollicitude à cette province. Il releva complètement le monastère de Soignies que les Normands avaient détruit, et rétablit ou réforma ceux de Mons, Maubeuge, Lobbes, Hautmont, ainsi que plusieurs autres. Ce premier travail, que les malheurs du temps ne permirent ni de compléter ni de soutenir, fut achevé un demi siècle plus tard (1016) par Richard de Verdun. Ce saint, également issu d'une noble famille, avait fait de brillantes études à Reims lorsque, de concert avec son ami le comte Frédéric, parent de l'Empereur saint Henri, il entra au monastère de saint Vannes à Verdun. Sa vertu et sa haute capacité le firent bientôt choisir pour diriger cette nombreuse communauté. Sa réputation se répandant de plus en plus dans les provinces, des prélats, des princes et des seigneurs lui confièrent la direction ou la réforme de monastères qui leur étaient soumis. Ce fut alors que Godefroy de Florines, qui était devenu comme le propriétaire du monastère d'Hautmont par une cession d'Herman, comte de Hainaut, y appela le saint abbé de Verdun. Gérard de Florines, son frère, alors évêque de Cambrai, appuya cette demande et contribua puissamment au succès de l'entreprise. Saint Richard gouverna ce monastère l'espace de neuf ans. Il en laissa alors la direction à Fulcuin que, de concert avec l'évêque Gérard, il préposa à la direction des religieux. Ce fut un 1er mai que Gérard de Florines consacra l'abbaye ainsi relevée de ses ruines et la dédia aux saints Apôtres Pierre et Paul.

Un autre saint personnage parut encore quelque temps plus tard à Hautmont. Il s'appelait Poppon, et était fils d'un seigneur flamand appelé Tizekin. D'abord chevalier comme son père, il quitta ensuite la carrière des armes, et, après un voyage qu'il fit en terre sainte, il embrassa la vie religieuse au monastère de saint Thierri à Reims. Chargé par son supérieur de distribuer les secours aux pauvres, aux malades et aux nécessiteux de toute nature, Poppon s'acquittait de ce ministère de charité avec un bonheur qu'on lisait sur son visage. Un jour qu'il faisait ses aumônes ordinaires, rapporte l'auteur de sa vie, il aperçut à l'écart un pauvre, dont les autres s'éloignaient avec une sorte d'horreur et qui paraissait lui-même honteux et embarrassé de sa personne. Saint Poppon devina que c'était un lépreux. Touché de compassion pour ce malheureux, il l'appelle, l'introduit dans sa cellule et lui prodigue tous les soins de la plus affectueuse charité. Le soir venu, il le fait rester à ses côtés et lui donne la couverture dont il se servait lui-même contre le froid durant la nuit. A peine le lépreux s'est-il enveloppé dans ce vêtement qu'une douce chaleur se répand dans tout son corps. Une transpiration abondante purifiant en même temps les humeurs viciées qui causaient sa maladie, il se trouve bientôt complétement guéri. Tel fut le saint personnage qui parut aussi, en qualité de visiteur, dans le monastère d'Hautmont et y fit nommer pour abbé le pieux et savant Everhelme.

Un événement très important dans l'histoire religieuse d'Hautmont arriva sous Ursion, successeur immédiat d'Everhelme : ce fut la découverte des reliques du pape saint Marcel, cachées depuis l'an 881 à cause de l'invasion des barbares. Avant de le rappeler, il convient de faire connaître d'une manière abrégée la vie de ce saint martyr, dont le nom a été de tout temps si vénéré par les habitants d'Hautmont et des pays circonvoisins.

TROISIÈME PARTIE.

Saint Marcel, pape et martyr, ses reliques et son culte à Hautmont.

Saint Marcel reçut le jour à Rome, dans le quartier connu sous le nom de *la Voie-Large*. Son père s'appelait Benoît; le nom de sa mère n'est pas connu. L'un et l'autre étaient chrétiens, et ils inspirèrent de bonne heure à leur fils l'amour de cette sainte religion, alors en butte aux persécutions. Elevé plus tard à la dignité d'Evêque de Rome et de chef suprême de l'Eglise universelle, saint Marcel déploya, dans cette charge éminente, une prudence, une sagesse et un courage admirables. Par ses soins un nouveau cimetière fut établi sur la voie Salaria pour recevoir les corps des martyrs et des autres fidèles. Il fit également construire vingt-cinq titres ou églises cardinalices, à cause du grand nombre de ceux qui demandaient le baptême, ou qui ayant fait misérablement une chute après avoir reçu ce sacrement, venaient ensuite demander la pénitence.

Il n'y avait que cinq ans, quatre mois et vingt-et-un jours que saint Marcel gouvernait l'Eglise, lorsque parut un nouvel édit de persécution contre les chrétiens. Dioclétien et Galère étaient empereurs : Maxence et Maximin, alors consuls, devaient dans la suite les remplacer et continuer leurs violences contre l'Eglise de Jésus-Christ. Le saint pontife reçut le contre-coup des tourments infligés à ses enfants spirituels avant que lui-même eût à les subir à son tour. C'était le commencement de son long martyre.

Galère, de retour d'une expédition en Afrique, voulut construire à Rome des bains magnifiques. Ce projet lui fournissait l'occasion de flatter Dioclétien dont ces bains porteraient le nom, et de faire sentir tout le poids de sa haine aux chrétiens qu'il condamnerait à élever cet édifice. Un grand nombre d'entre eux furent appliqués, en effet, à ces travaux et soumis à toutes les brutalités des gardiens qui les surveillaient. Ces travaux étaient si pénibles et ces mauvais traitements si indignes qu'ils excitaient même la pitié de certains païens moins durs et moins insensibles que les autres. Mais nul d'entre eux n'eût osé témoigner aux martyrs le sentiment de compassion qui s'élevait dans leur cœur. Un chrétien appelé Thrason, encore libre alors, n'eut point cette timidité, et heureux de pouvoir venir au secours de ses frères, au péril même de sa vie, il y consacra ses richesses qui étaient considérables.

Le pape saint Marcel, alors caché dans les catacombes d'où il gouvernait l'Eglise, apprenait par les rapports des fidèles tout ce qui concernait l'état de la religion et la constance des martyrs. Le projet du pieux Thrason le remplit de joie, et afin de pourvoir plus abondamment aux besoins spirituels des chrétiens condamnés aux travaux des thermes, il ordonna diacres Sisinnius et Cyriaque, pour le service de l'Eglise romaine et la distribution des secours fournis par Thrason.

Pendant quelque temps ils purent l'un et l'autre remplir leurs fonctions et porter des consolations à leurs frères; mais une nuit qu'ils sortaient de la maison de Thrason, des soldats païens les arrêtèrent et les conduisirent au préfet Expurius. Presque aussitôt les deux diacres, condamnés aux mêmes travaux que les chrétiens qu'ils allaient soulager, partageaient leurs souffrances et leurs outrages. Une sainte allégresse brillait sur tous les visages, tellement que les gardiens en étaient dans l'admiration. Cette joie des chrétiens et les secours qu'ils cherchaient à se procurer mutuellement, surtout à ceux que leur santé ou leur âge rendait plus faibles, irritèrent le tyran Galère. Il s'en plaignit au préfet Laodicius, qui fit jeter en prison ceux qui avaient été particulièrement remarqués par les inspecteurs des travaux, et les confia à la garde d'Apronianus. Mais contre son attente il arriva que la patience des prisonniers et la grâce de Dieu touchèrent le cœur d'Apronianus lui-même, qui, se jetant aux pieds du diacre Sisinnius, lui dit : « Je vous en conjure, au nom du Christ, faites-moi participer au bonheur de votre prédestination. » Sisinnius le releva, l'instruisit des vérités du christianisme; puis Apronianus ayant reçu le baptême des mains de saint Marcel, fut condamné au martyre qu'il subit avec courage.

Il semblait que la prison fut devenue comme une église, où la parole de Dieu convertissait les âmes et gagnait de nouveaux fidèles. Sisinnius le diacre et un vieillard appelé Saturninus étaient comme des apôtres dans ce cachot. Deux soldats instruits par eux confessent généreusement Jésus-Christ devant le préfet Laodicius et sont sur le champ attachés au chevalet, déchirés avec des scorpions, brûlés à petit feu et enfin décapités. Deux autres païens, Papias et Maure, convertis de la même manière et baptisés par saint Marcel, sont à leur tour déférés au préfet Flaminius et condamnés à mort. Le saint pontife, heureux de ces triomphes multipliés de l'Eglise, prit soin des corps des confesseurs de la foi et les fit ensevelir avec respect sur la voie Salaria.

Les martyrs se multipliaient de jour en jour. Le diacre Cyriaque, coupable aux yeux de l'empereur Galère pour avoir exercé une œuvre de charité, est condamné aux fouets, traîné nu et enchaîné derrière le char impérial pour l'opprobre des chrétiens. Saint Marcel, inconnu encore des païens, le suit les larmes aux yeux. Dans sa douleur il ne peut s'empêcher d'adresser la parole à l'empereur pour lui exposer l'innocence des chrétiens, les prières qu'ils adressent sans cesse à Dieu pour les princes et pour l'état, et la tache d'infamie que reçoit la puissance romaine de ces supplices qu'on leur inflige. Mais le tyran, sans respect pour la douleur et les cheveux blancs du vieillard, le fait frapper de verges et chasser avec mépris.

Les supplices continuent : le bourreau Carpasius reçoit l'ordre de torturer Cyriaque, Large, Smaragde et Crescentien, et il déploie contre eux une rage de démon. Tous, les uns après les autres, rendent leur âme à Dieu au milieu des supplices et laissent à la terre leurs membres mutilés que saint Marcel se hâte d'ensevelir avec honneur. Lui-même à son tour allait commencer, ou plutôt consommer son martyre. Une pieuse veuve appelée Lucine veut changer sa demeure en église. Le pape accueille avec joie sa demande et consacre en ce lieu un autel sur lequel il célébrait quelquefois les divins mystères. Mais, malgré toutes les précautions que suggère la prudence, le tyran est bientôt averti qu'il y a dans Rome une nouvelle maison dédiée au vrai Dieu. C'eût été trop peu pour lui de la renverser : il la fait changer en écurie pour les animaux destinés aux services publics, dont il confie le soin et la garde à saint Marcel lui-même qu'on avait arrêté.

A quelque temps de là, la persécution ayant paru se calmer par la retraite de Dioclétien et la mort de Galère, des clercs de Rome se portèrent auprès de saint Marcel et le retirèrent du lieu infect où on l'avait renfermé. Mais bientôt Maxence, aussi impie et cruel que ceux auxquels il avait succédé, fit conparaître le saint vieillard et le condamna à garder les bêtes féroces de l'amphithéâtre, puisqu'il refusait de renoncer au Christ, pour reconnaître les Dieux de l'empire. C'est là qu'après plusieurs années de captivité et de souffrances saint Marcel rendit son âme à Dieu. Le prêtre Jean, accompagné d'autres ministres sacrés et de la vénérable Lucine, recueillit son corps et l'ensevelit dans le cimetière de Priscille sur la voie Salaria, au milieu des prêtres, des diacres et des autres chrétiens, ses enfants, qui l'avaient précédé dans la gloire.

Or, c'est cette dépouille sacrée de saint Marcel que le pape saint Martin I accorda au Bienheureux Vincent d'Hautmont, pour en enrichir le monastère qu'il venait d'élever à la gloire de Dieu. Dagobert, toujours rempli d'estime pour celui qui avait été autrefois son chancelier et son confident, sollicita ce don en sa faveur, dit-on, et se chargea du transport des saintes reliques jusqu'au lieu de leur destination. Il est plus facile de comprendre que d'exprimer la joie que causa cet événement dans toute la contrée. Dès ce jour, le sanctuaire de l'église d'Hautmont vit de nombreux pèlerins se presser dans son enceinte pour honorer l'illustre saint Marcel et réclamer sa protection auprès de Dieu. Mais cette maison de prières étant tombée comme tant d'autres sous les coups des barbares, un silence de mort régna plus tard dans ces lieux, où avaient retenti si longtemps les louanges du Seigneur. Dispersés çà et là et sans asile, les religieux d'Hautmont furent rapidement moissonnés par la mort, et avec eux furent comme perdues les reliques du glorieux patron. On oublia jusqu'au lieu où elles avaient été cachées à la hâte et avec le plus grand soin en 881, au moment où les Normands se répandaient avec fureur dans la contrée. Le souvenir en resta enseveli comme l'étaient dans le tombeau les générations témoins de tant de calamités. Ce fut l'abbé Ursion qui eut le bonheur de recouvrer ces reliques de saint Marcel. Un jour qu'on faisait des fouilles auprès d'un ancien autel à demi ruiné, on découvrit tout à coup une châsse en argent; mais sans sculpture et d'un travail commun. Par respect pour le sacré dépôt qu'on y supposait renfermé, l'abbé Ursion vint à Cambrai demander à l'évêque Liébert la permission de l'ouvrir. De retour à son monastère, il prescrivit quelques jours de jeûne et de prières, puis, ces préliminaires accomplis et tous les religieux étant revêtus d'ornements sacrés, on procéda à l'ouverture de la châsse au milieu des chants et des cantiques de l'église. A peine le couvercle en fut-il détaché qu'une odeur suave se répandit dans l'assemblée. « C'est un corps saint » s'écria-t-on, et des lettres que l'abbé lut à haute voix devant l'assistance, attestèrent que c'était le corps même de saint Marcel[1]. Des larmes de joie échappèrent à l'instant de tous les

---

[1] Recitatæ siquidem in auditu adstantium, commendant contineri sanctum martyrem Marcellum, romanæ sedis episcopum, tempore Dagoberti, ut prædictum est, illùc translatum.....
Acta sanctorum XVI Jan.

yeux, ainsi que des effusions de reconnaissance envers Dieu pour un si grand bienfait.

Cependant l'abbé Ursion retourna en toute hâte à Cambrai, pour instruire le vénérable Liébert de tout ce qui venait de se passer et lui mettre sous les yeux les lettres authentiques, qui confirmaient la découverte du précieux dépôt [1]. Un jour fut fixé pour la translation solennelle de ces reliques dans une nouvelle châsse d'un plus riche travail. Ce jour arrivé (9 septembre 1068) le prélat, accompagné d'un nombre considérable d'ecclésiastiques, le comte Bauduin de Flandre et la comtesse Richilde, son épouse, également suivis d'un brillant cortége, se rendirent à Hautmont pour la cérémonie. Elle s'accomplit avec pompe au milieu de la foule recueillie. Afin de satisfaire les désirs de la multitude, le corps saint fut exposé à la porte de l'église où, pendant de longues heures, il se fit un concours immense de personnes venues de tous pays. Une première guérison augmenta encore la joie générale. Une jeune fille, sourde et muette, appelée Willesende et native de Squilinie, sentit tout à coup disparaître sa double infirmité, au moment où elle faisait à Dieu sa prière auprès de la châsse de saint Marcel. Le curé de la paroisse de Squilinie, aussitôt appelé et interrogé, déclara que cette fille avait toujours été connue sourde et muette.

---

[1] Sed et etiam attestatio litterarum omnem submovebat incredulitatis scrupulum.

(*Acta sanctorum* XVI Jan).

L'évêque fit alors à haute voix le récit de cette guérison, en présence du comte et de la comtesse de Flandre, des grands qui les avaient accompagnés et de toute la multitude ; puis il entonna le *Te Deum* en actions de grâces de ce bienfait. — Une femme de Gommegnies, Rathscende, estropiée et tellement difforme que sa présence inspirait une sorte d'horreur, vint aussi à Hautmont vénérer les reliques de saint Marcel et retourna dans sa famille entièrement guérie de son infirmité.

Ces guérisons et d'autres faveurs obtenues par la protection du pape-martyr répandirent au loin le nom de saint Marcel. Les habitants du pays de Soignies, trop éloignés pour se rendre à Hautmont, témoignaient avec ardeur le désir qu'ils avaient de vénérer ces restes précieux. Pour satisfaire aux vœux si légitimes de ce peuple dont les ancêtres avaient connu et reçu saint Vincent, l'abbé Ursion sollicita de l'évêque de Cambrai la permission d'y transporter les reliques de saint Marcel. Cette faveur accordée, une procession s'organisa. Des clercs, des religieux, de pieux laïques de toute condition et en grand nombre, voulurent y prendre part. Partout les populations se pressaient autour de la châsse pour vénérer la dépouille glorieuse du martyr de Jésus-Christ. A Haulchin, près de Binche, un enfant muet fut amené par sa mère et commença à parler. A Soignies et à Namur où la procession arrêta sa marche, de nouveaux témoignages de la bonté de Dieu et de la puissance de son serviteur consolèrent encore les nombreux fidèles qui se succédaient sans interruption. De retour à Hautmont, les religieux bénirent le seigneur pour les bienfaits signalés qu'il avait accordés pendant cette marche triomphale, et presque aussitôt, pour la guérison d'une femme du pays de Cambrai, qu'on avait amenée en ce lieu où elle recouvra la vue. Ici s'arrête le récit de l'abbé Ursion, témoin oculaire de tous ces faits que, par reconnaissance pour Dieu, il a voulu transmettre à la postérité avec l'approbation et la bénédiction du vénérable Liébert, évêque de Cambrai, à qui il dédie son ouvrage.

Ces reliques du pape saint Marcel, reçues au monastère d'Hautmont vers l'an 650, cachées en 881 pour les soustraire aux Normands, puis aux Hongrois, et heureusement recouvrées en 1068, restèrent dans la châsse où le Bienheureux Liébert les déposa jusqu'en 1589. Le 5 mai de cette année, Louis de Berlaymont, archevêque de Cambrai, les en retira pour les mettre dans une nouvelle châsse. Ici nous n'avons qu'à enregistrer l'acte même de cette translation conservé à Hautmont ainsi que les précieuses reliques [1].

« Louis de Berlaymont, par la grâce de Dieu et du Siége Apostolique, archevêque et duc de Cambrai,

---

[1] Le travail des Bollandistes, d'où nous avons extrait ce qui précède, est postérieur à cette translation qui y est indiquée par une note particulière.
(Acta sanctorum XVI januarii.)

prince du Saint-Empire, comte de Cambresis, etc...
à tous ceux qui verront les présentes, salut éternel
dans le Seigneur. Savoir faisons que, au jour indiqué ci-dessous, nous ont été présentées au nom du
Révérend Père Gaspar Hano, abbé, de tous les religieux de l'Eglise ou abbaye de St-Pierre d'Hautmont, de l'ordre de Saint-Benoît, diocèse de Cambrai, et ont été reçues par nous humblement et
dévotement, ainsi qu'il était convenable, les reliques
du corps de saint Marcel, pape et martyr, apportées
de Rome autrefois audit monastère du consentement
du pape Martin, par saint Vincent, confesseur, et
fondateur dudit monastère, du temps de Dagobert,
roi des Francs. Plus tard, après les invasions des
Hongrois et des Huns dans ces contrées, ces reliques, retrouvées entières et intactes par l'abbé Ursion,
furent dans le même temps replacées et renfermées
par l'évêque Liébert dans une nouvelle châsse, et
conservées décemment et avec la vénération qui
leur était due, dans ledit monastère jusqu'aux temps
actuels, comme en font foi ces écrits d'actes anciens
confirmés par la tradition des vieillards. Nous donc,
ayant reçu le témoignage d'hommes de foi, qui
avaient trouvé ces saintes reliques dans une chambre supérieure d'une maison dudit monastère située
en la ville de Mons, où précédemment, par la crainte
des Huguenots ou hérétiques qui exerçaient alors
leurs ravages, cette même ville ayant été occupée
par le comte Louis de Nassau, hérétique, et puis
assiégée par le duc d'Albe, capitaine du sérénissime

Philippe, roi des Espagnes, l'an du Seigneur mil cinq cent soixante-douze, et ces mêmes hommes ayant reconnu que ces reliques étaient véritablement celles qui précédemment renfermées dans ladite châsse et conservées audit monastère, avaient été par tous regardées comme les vraies reliques du bienheureux Marcel, pape et martyr, ce qu'ils attestaient croire fermement, nous avons renfermé ou replacé avec honneur et respect, au milieu des solennités ordinaires et en présence de témoins, ces mêmes reliques dans la même châsse nouvellement réparée. Donné et fait dans ladite ville de Mons l'an du Seigneur mil cinq cent quatre-vingt-neuf, le quatrième jour de mai, en présence des hommes vénérables et discrets Valérien Flosse, archidiacre de Brabant et chanoine de l'église métropolitaine de Cambrai, Valentin Collart et Pierre Preud'homme aussi chanoines de la même église, Grégoire Collomio, doyen et chanoine de l'église St-Géri, de Cambrai, Dom Louis Dolly, prieur dudit monastère, les frères Jérôme Houriez, vicaire, et François Bouillet religieux de l'ordre de saint François, de Mons, Jean Hano, Adrien de la Ramouillerie, citoyens de ladite ville de Mons et beaucoup d'autres témoins appelés spécialement à cet effet. En foi de quoi nous avons fait munir les présentes de notre sceau et les avons signées de notre propre main [1].

Louis de BERLAYMONT,
Archevêque de Cambrai.

[1] Voir le texte à la page 62 et 63.

Sur le même parchemin se lisent deux autres actes de Monseigneur François Vander-Burch et du cardinal Pierre Giraud, d'illustre et vénérable mémoire. Le premier, qui porte la date de 1623, est conçu en ces termes.

« François Vander-Burck, par la grâce de Dieu
» et du siége apostolique, archevêque et duc de
» Cambrai, prince du Saint Empire Romain, comte
» de Cambresis etc... à tous ceux qui verront les
» présentes salut. Savoir faisons que le jour de la
» date des présentes, à la requête du révérend Père
» Pierre Lejeune, abbé du sus-mentionné monas-
» tère d'Hautmont et des religieux de ladite abbaye,
» nous avons ouvert cette châsse et en avons ex-
» trait un os du sinciput ou partie antérieure de la
» tête de saint Marcel, pape et martyr, pour qu'il
» soit exposé à la vénération publique dans une
» châsse particulière en argent, et ce en présence
» du Révérend Père Lejeune, abbé d'Hautmont, et
» de Simon Bosquier, abbé de Maroilles, pareille-
» ment de Dom Gérard Niez, jubilaire, et de Philippe
» Froidmont, sous-prieur, religieux d'Hautmont, et
» d'autres spécialement appelés à cet effet. Fait à
» Mons, dans la chapelle du Refuge dudit monas-
» tère, l'an du Seigneur, mil six cent vingt-trois, le
» cinq de mars. »

François VANDER-BURCK,
Archevêque de Cambrai.

Les reliques de saint Marcel continuèrent de recevoir les hommages des fidèles jusqu'à l'époque où la vieille abbaye, qui comptait douze cents ans d'existence, fut renversée par l'impiété révolutionnaire. La grande et magnifique chapelle qu'on y achevait en ce moment ne fut même pas épargnée. Pour n'avoir pas la peine de l'entretenir on déclara que l'église paroissiale, déjà trop étroite alors pour la population, serait désormais suffisante. C'est dans le grenier de cette église que les reliques furent soustraites aux perquisitions des profanateurs sacrilèges. Plus tard quand le calme commença à renaître, ces mêmes reliques de saint Marcel furent présentées à Dom Nicolas-Joseph Pourré, dernier abbé d'Hautmont, et à plusieurs religieux revenus comme lui de l'exil, qui les reconnurent et en constatèrent l'authenticité. Le vénérable abbé eut encore la consolation de les transporter dans l'église au milieu d'un immense concours de peuple. La cérémonie achevée, il se retira dans une petite habitation située en face de son ancien monastère. C'est là qu'il passa le reste de ses jours environné des respects des habitants d'Hautmont et vivant de leurs aumônes. Il mourut le 18 octobre 1805 dans la soixante-treizième année de son âge [1].

---

[1] Nicolas-Joseph Pourré était né à Saulzoir. L'auteur du Cameracum christianum l'appelle Ursmar Porué. Les deux derniers religieux d'Hautmont furent Dom Bernard, qui après la révolution, devint curé d'Avé près de Mons, et Dom Maure, qui, après avoir professé jusqu'en 1830 au collége

Vers la fin de l'année 1848, les reliques de saint Marcel furent apportées à Cambrai, et présentées à Monseigneur Giraud. L'éminent cardinal, en les recevant, ne put s'empêcher de répandre des larmes. Après avoir fait sa prière avec beaucoup de dévotion, il baisa respectueusement le coffret en bois qui contient le trésor, et sur lequel on distingue sans peine les sceaux du district d'Avesnes, apposés en 1790, quand les biens des abbayes furent mis en séquestre. Monseigneur reconnut l'authenticité de ces reliques, et comme ses deux vénérables prédécesseurs, Louis de Berlaymont et François Vander-Burck, il en fit tracer cet acte sur le parchemin renfermé dans la châsse.

« Pierre Giraud, cardinal-prêtre de la saint Eglise
» romaine, du titre de Sainte-Marie-de-la-Paix, par
» la miséricorde divine et la grâce du Saint-Siége
» apostolique, archevêque de Cambrai, prince du
» Saint-Empire romain, etc., etc.
» Savoir faisons que, en date des présentes, nous
» avons reconnu de nouveau les reliques de saint
» Marcel, pape et martyr, ci-dessus décrites,
» lesquelles ayant été conservées par les soins
» d'hommes pieux pendant les troubles de France,
» puis, la paix étant rendue au royaume, reconnues
» par le dernier abbé du monastère d'Hautmont et

---

de Valenciennes, se retira alors au Cateau sa ville natale, où il mourut vers l'an 1845.

» plusieurs autres religieux du même monastère
» aussi revenus de l'exil, puis reportées solennelle-
» ment avec grand concours du clergé et du peuple
» à l'Eglise de la Bienheureuse Vierge Marie d'Haut-
» mont. Nous avons ensuite replacé ces mêmes re-
» liques, enveloppées dans un voile de soie rouge at-
» taché par des bandes de couleur verte, dans la
» même châsse en bois récemment réparée, et
» l'avons revêtue de notre sceau imprimé sur cire
» d'Espagne de couleur rouge, permettant que les
» dites insignes reliques soient exposées publique-
» ment à la vénération des fidèles dans notre
» diocèse.

» Donné à Cambrai, sous notre seing et notre
» sceau, et la souscription du secrétaire de l'arche-
» vêché, le 15 novembre 1848. »

Pierre cardinal GIRAUD,
Archevêque de Cambrai.

PAR ORDONNANCE
DUPREZ, chan. secrét.-général.

Le texte latin des trois actes ci-dessous rapportés est conçu en ces termes :

Ludovicus de Berlaymont, Dei et apostolicæ sedis gratiâ archiepiscopus et dux Cameracensis, sacri imperii princeps, comes Cameracensis etc., omnibus et singulis has visuris salutem in Domino sempiternam. Notum facimus quod die datæ præsentium præsentatis nobis pro parte Reverendi Patris Gasparis Hano Abbatis et totius conventûs Ecclesiæ seu monasterii sancti Petri Altimontensis ordinis sancti Benedicti et Cameracensis diœceseos et per nos humiliter ac cum devotione prout decuit receptis reliquiis corporis sancti Marcelli papæ et martyris, olim per sanctum Vincentium confessorem ipsius monasterii fondatorem tempore Dagoberti Francorum regis, consensu Martini papæ Româ ad idem monasterium allatis : postmodum vero ab Ursione abbate post Hungarorum Hunnorumque in istas regiones incursus, integris illœsisque repertis, ac tunc per Lietbertum Cameracensem episcopum in novam capsam reclusis et reconditis, atque ad nostra usque tempora in prædicto monasterio decenter dignâque cum veneratione servatis; prout his veterum monumentorum scriptis patrum traditione roboratis comprobantur. Nos, accepto fidedignorum testimonio, qui ipsas reliquias sanctas in quodam superiori cubiculo seu loco domûs præfati monasterii in oppido Montensi sitæ, ubi priùs ob metum Hugonistorum seu hœreticorum tunc grassantium transportatæ fuerant, cum ipsum oppidum interim à comite Ludovico Nassorio hœretico occupatum fuisset, et per ducem Albanium serenissimi Philippi Hispaniarum regis capitaneum obsideretur, anno Domini millesimo quingentesimo septuagesimo secundo super pavimentum juxta suam capsam invenerant atque verè has reliquias esse quæ priùs eidem capsæ inclusæ et in dicto monasterio servatæ ac pro veris reliquiis beati Marcelli papæ et martyris ab omnibus habitæ fuerant se firmiter credere asserebant, easdem reliquias in eamdem capsam noviter reparatam adhibitis testimoniis et solemnitatibus solitis decenter et honeste reclusimus seu recondidimus. Datum et actum in dicto oppido Montensi, anno Domini millesimo quingentesimo octingentesimo nono, mensis vero maii die quartâ, præsentibus ibidem venerabilibus et discretis viris Valeriano Flosse, Archidiacono Brabantiæ et canonico ecclesiæ metropolitanæ cameracensis, Valentino Collart ac Petro Preudhomme ejusdem ecclesiæ etiam canonicis, Gregorio Collomio decano et canonico Ecclesiæ sancti Gaugerici cameracensis, Domno Ludovico Dolly priore dicti monasterii, fratribus Hyeronimo Houriez, vicario et Francisco Bouillet religiosis ordinis sancti Francisci Montensis, Joanne Hano, Adriano de la Ramouillerie civibus dicti oppidi montensis et quampluribus aliis testibus ad hoc specialiter vocatis. In quorum fidem præsentes manu propriâ signatas sigilli nostri appensione muniri fecimus.

LUDOVICUS DE BERLAYMONT.
Archiepeicopus Cameracensis.

Franciscus Vander-Burch, Dei et apostolicæ sedis gratiâ archiepiscopus et dux Cameracensis, sacri Romani Imperii princeps, comes Cameracensis, etc., omnibus has visuris salutem in Domino. Notum facimus quod nos die datæ præsentium ad requisitionem Reverendi Patris Petri Lejeune abbatis suprascripti monasterii Altimontensis et religiosorum dictæ Abbatiæ capsulam hanc aperuimus indèque os sincipitis sive anterioris partis capitis sancti Marcelli papæ et martyris desumpsimus, ut particulari thecâ argenteâ ad publicam venerationem imponatur præsentibus ibidem reverendis patribus Petro Lejeune abbate altimontensi et Simone Bosquier, abbate Maricœlensi, necnon Domnis Girardo Niez Jubilario, et Philippo Froidmont suppriore, Religiosis altimontensibus, ac aliis ad id specialiter vocatis. Actum Montibus in sacello Refugii dicti monasterii anno Domini millesimo sexcentesimo vigesimo tertio, mensis martii die quintâ.

FRANCISCUS VANDER-BURCH.
Archiepiscopus Cameracensis.

Petrus, tituli sanctæ Mariæ à pace, S. R. E. Præsbyter cardinalis Giraud, miseratione divinâ et sanctæ sedis Apostolicæ gratiâ archiepiscopus cameracensis, S. R. I. Princeps etc. etc...

Notum facimus quod nos die datæ præsentium, supra descriptas sancti Marcelli, papæ et martyris reliquias, perturbationis Gallicanæ tempore, piorum virorum studio servatas, et posteà, pace regno redditâ, per ultimum Altimontensis Monasterii Abbatem pluresque ejusdem monasterii monachos ab exilio reduces recognitas, ac solemniter ad Ecclesiam Beatæ Mariæ Virginis Altimontis cum magno cleri et populi concursu reportatas, iterùm recognovimus, et eas velo serico rubro vittis viridis coloris colligato involutas reposuimus in eamdem capsam ligneam noviter reparatam, quam sigillo nostro in cerâ hispanicâ rubri coloris impresso sigillavimus, permittentes ut prælaudatæ insignes reliquiæ publicè fidelium venerationi in nostrâ diœcesi exponantur.

Datum Cameraci, sub signo sigilloque nostris ac secretarii archiepiscopatûs subscriptione die decimâ quintâ novembris anni 1848.

PETRUS cardinalis GIRAUD.
Archiepiscopus Cameracensis.

DE MANDATO.
DUPREZ, can. secr. gen.

Dans les derniers jours de juin 1854, les reliques de saint Marcel parurent à Lille à l'occasion du jubilé six fois séculaire de Notre-Dame de la Treille. A la procession qui eut lieu le 2 juillet, le modeste coffret, placé dans une châsse qu'avait prêtée un fabricant de bronzes de Paris, fut porté solennellement avec les reliques des autres principaux patrons du pays, tels que saint Evrard de Cisoing, saint Winnoc de Bergues, saint Piat de Seclin, saint Chrysole de Comines et saint Eleuthère de Tournai. Saint Marcel, comme pape-martyr, venait à leur suite et fermait la marche triomphale de cette partie du cortége. « La brillante châsse de bronze doré qui contenait le *feretrum* avait été remise entre les mains des élèves de l'établissement de Marcq, qui, sous l'impulsion de leurs maîtres, se sont montrés dignes du dépôt qu'ils étaient chargés de présenter à la procession. Leur bannière, dont les porteurs sont décorés d'un large ruban blanc, précède le pensionnat ; douze d'entre eux, revêtus d'aubes, balancent des encensoirs de vermeil devant le corps du glorieux martyr, et huit prêtres, en dalmatiques de velours rouge, sont employés à soutenir le saint fardeau, que suivent les autres professeurs en chapes de même couleur et d'égale richesse. » Venait après eux M. Blanchard, curé de la paroisse d'Hautmont et gardien spécial de cette insigne relique. « Quelques personnes ne voulant pas qu'elle retournât à Hautmont dépouillée des ornements avec lesquels elle avait paru à la procession, se cotisèrent et firent présent à l'église de cette paroisse de la châsse qui avait servi à la contenir. » Cette châsse d'un beau travail vient de la maison Willensens à Paris. Elle a environ 1 mètre 25 centimètres de longueur sur 0,40 centimètres de largeur et autant de hauteur, sans comprendre un couvercle en forme de toît, dans le style gothique comme tout le reste, et qui donne à l'ensemble de l'ouvrage quelque chose de riche et de majestueux à la fois. La nouvelle châsse de saint Marcel est aujourd'hui exposée dans une chapelle latérale de l'église d'Hautmont. On la porte avec pompe dans les solennités religieuses où reparaissent aussi les vêtements sacerdotaux en petit nombre qui ont échappé aux mains des spoliateurs. On remarque surtout un ornement complet de drap d'or, avec des figures d'une admirable exécution représentant les principaux patrons du pays, saint Marcel, saint Aubert, saint Amand, saint Vincent, sainte Vaudru, sainte Aldegonde, etc.

De temps immémorial on faisait à Hautmont une procession en l'honneur de saint Marcel. Le supplément au Missel Romain propre à l'abbaye portait la rubrique suivante : « Le dimanche dans l'octave de l'Ascension procession de saint Marcel. *Dominicâ infra octavam Ascensionis processio sancti Marcelli.* »

En terminant ce travail rappelons encore ces deux vers latins sculptés sur une pierre fixée dans le mur de l'église d'Hautmont près du petit portail faisant face à la place.

O Pastor Marcelle, tuos defende clientes
Et tibi commissas protege, pastor, oves.

O Marcel, notre Pasteur, défendez vos serviteurs
Et protégez, ô Pasteur, les brebis qui vous sont confiées.

Puisse cette prière être souvent dans le cœur et sur les lèvres des habitants d'Hautmont ! Et que du haut du ciel ce glorieux patron et les autres saints qui ont habité ou visité ces lieux leur obtiennent une vie chrétienne et une heureuse mort !

QUATRIÈME PARTIE.

§ 1o **Neuvaine en l'honneur de saint Marcel.**
§ 2o **Lecture et prière pour la fête des principaux patrons d'Hautmont.**

Les habitants d'Hautmont et des pays environnants ont de tout temps invoqué saint Marcel contre la peste et les autres fléaux de même nature. Cette dévotion doit surtout son origine au genre de mort qu'endura le saint martyr dans le lieu infect où l'avaient détenu les persécuteurs de la religion. Des témoignages fréquents de sa protection n'ont pas peu contribué à développer ces sentiments de pieuse confiance. Aussi croyons-nous y répondre, autant qu'il est en nous, en plaçant en tête de cette quatrième partie une neuvaine de lectures et de prières en l'honneur de ce saint patron.

PREMIER JOUR.

Les peuples chrétiens ne manquent jamais, surtout dans les temps d'épidémie, de recourir à Dieu en priant leurs saints patrons d'intercéder pour eux auprès de celui qui tient en ses mains la vie et la mort. Cette pensée de la foi fait comprendre aux hommes que Dieu est le maître souverain de toutes choses et qu'il a droit à leur obéissance, à leurs respects et à leurs hommages. Elle leur apprend encore à considérer dans ces fléaux qui attaquent les corps l'image des maladies bien autrement terribles qui affligent les âmes. Qu'est-ce, en effet, que le péché mortel dans une âme si ce n'est une lèpre hideuse qui la défigure ? Que sont les passions et les vices, si ce n'est autant de maladies qui la rongent et qui l'épuisent ? Quelle peste ou quel fléau comparable à l'état d'un chrétien qui vit habituellement dans l'infection du vice ? Et cependant il en est beaucoup qui ne comprennent rien à cette difformité des âmes et à leurs maladies spirituelles. Tout entiers aux choses de la terre, ils ne voient que les infirmités qui s'attaquent au corps. Apprenons donc aujourd'hui que l'orgueil et l'attache désordonnée aux biens de ce monde, que l'envie, l'emportement et la vengeance, que l'intempérance et l'impureté, que la paresse ou la négligence grave des devoirs de la religion sont les maladies les plus funestes à l'homme, et en même temps que nous demanderons à Dieu par l'intercession de saint Marcel qu'il nous délivre des maux du corps, nous le supplierons avant tout de nous guérir des mauvaises passions, qui sont la peste et souvent la mort des âmes.

Prière à saint Marcel.

Exaucez, dans votre bonté, Seigneur, les prières de votre peuple, afin que nous soyons aidés par les suffrages du bienheureux Marcel, votre martyr et pontife, dont le supplice est aujourd'hui pour nous le sujet d'une sainte joie. Nous vous le demandons par Notre-Seigneur Jésus-Christ, qui vit et règne avec vous en l'unité du Saint-Esprit, dans tous les siècles des siècles. Ainsi soit-il.

DEUXIÈME JOUR.

La première maladie de l'âme c'est l'orgueil : c'est par orgueil que le démon s'est révolté contre Dieu dans le ciel ; c'est une pensée d'orgueil qui fit tomber nos premiers parents dans le paradis terrestre, et c'est encore l'orgueil qui est le principe des péchés que commettent les enfants d'Adam. Ainsi se vérifie cette parole du Saint-Esprit : *le commencement de tout péché c'est l'orgueil*. Et combien d'autres infirmités spirituelles entraîne après elle cette première maladie de l'âme ! N'est-ce pas l'orgueil qui est le principe de l'ambition, de l'arrogance, et de la présomption ? L'opiniâtreté et l'insolence, l'ingratitude et l'indocilité ne sont-elles pas comme autant de filles de l'orgueil ? Oh ! qu'une âme est exposée à la mort quand elle est dominée par cette passion, que le Seigneur a en horreur entre toutes les autres, parce qu'elle tend directement à lui ravir la gloire qui n'est due qu'à lui seul. Aussi *Dieu résiste aux superbes* dit l'apôtre saint Pierre, *et il donne sa grâce aux humbles.* Demandons-lui donc que, par l'intercession du glorieux saint Marcel, il nous préserve de toute infirmité du corps et de l'esprit et surtout de l'orgueil mille fois plus à craindre que toutes les maladies.

Prière à saint Marcel (page 71).

TROISIÈME JOUR.

L'avarice ou l'attache désordonnée aux biens de ce monde est une autre maladie de l'âme à laquelle les hommes sont aussi exposés. Les richesses ne sont point mauvaises par elles-mêmes puisque c'est Dieu qui les a créées ; mais elles deviennent souvent une occasion ou un instrument de péché soit par l'excessive recherche qu'on en fait, soit par les injustices qu'on commet pour les augmenter, soit par l'attachement déréglé qu'on leur porte et qui fait négliger le service de Dieu, soit enfin par les excès de tout genre auxquels ces richesses poussent les hommes en leur donnant la facilité de s'y livrer. Que de chrétiens privés des biens de la terre ont oublié cette leçon de Tobie à son fils : « *Mon enfant, il est vrai que nous menons une vie pauvre ; mais nous serons toujours assez riches si nous craignons Dieu et si nous nous éloignons du péché ?* Que de chrétiens aussi, à qui Dieu a donné les biens de ce monde oublient cette autre parole : *Si vous avez des richesses en abondance, que votre cœur ne s'y attache pas.* Quelle épidémie spirituelle que cette cupidité et cette poursuite désordonnée des biens de la terre ! Demandons au Seigneur qu'il nous en délivre par l'intercession de son glorieux confesseur saint Marcel, en même temps qu'il éloignera de nous toute peste ou contagion pernicieuse.

Prière à saint Marcel, (page 71).

QUATRIÈME JOUR.

Si l'homme succombe facilement à l'orgueil et à la cupidité, n'est-il pas également exposé à suivre les penchants déréglés du cœur qui le portent vers le vice impur. Que sa volonté est faible, languissante, depuis la chute originelle ! Que de pensées dans son esprit, de désirs dans son cœur, que d'imaginations ou de souvenirs dangereux qui deviennent pour lui une source de tentations ! Et cette maladie est générale : elle s'attaque à tous les âges et à toutes les conditions. Heureux celui qui met en pratique la recommandation de Notre-Seigneur, et *qui veille et prie, afin de surmonter les tentations* du démon, les séductions du monde et les faiblesses de son propre cœur. Il évitera l'une des plus funestes maladies de l'âme, la contagion spirituelle périlleuse entre toutes les autres. Car autant il est facile avec le secours de Dieu de se préserver du péché impur, autant il devient difficile de s'en guérir quand on a eu le malheur d'en être infecté. Que Dieu nous préserve à jamais de cette lèpre auprès de laquelle ne sont rien toutes les maladies du corps les plus affreuses ! Qu'il nous en délivre à jamais comme de toute peste par l'intercession de notre glorieux patron saint Marcel.

Prière à saint Marcel, (page 71).

CINQUIÈME JOUR.

L'âme comme le corps est sujette à des infirmités et à des maladies qui font honte à ceux même qui en sont atteints : l'envie est de ce nombre. Quel envieux ne rougit pas de lui-même et ne se dissimule autant qu'il peut la laideur du vice dont il est l'esclave ? Cette passion funeste porte les plus affligeants désordres dans l'âme, qu'elle remplit de haine, de jalousie, de noirs projets de vengeance. Que Dieu nous préserve à jamais de cette contagion mortelle de l'envie, et qu'il entretienne toujours en nous les sentiments de la véritable charité, vertu incompatible avec ce vice. *Car celui qui dit qu'il aime Dieu et qui hait son frère, est un menteur,* dit l'apôtre saint Jean. Demandons donc au Seigneur, par l'intercession de son serviteur saint Marcel, qu'en éloignant de nous tout fléau ou contagion corporelle, il préserve avant tout nos âmes des atteintes du démon de l'envie.

Prière à saint Marcel, (page 71.)

SIXIÈME JOUR.

L'intempérance est encore une maladie de l'âme contre laquelle beaucoup de chrétiens ne sont pas assez en garde. Sans parler des infirmités, des accidents et des morts funestes, qui sont les suites ordinaires de la gourmandise et de l'ivrognerie, que de coupables penchants, que d'habitudes vicieuses sont entretenues par ces excès? Que de péchés graves dont ils sont la cause première. *Prenez garde,* dit Notre-Seigneur, *de laisser vos cœurs s'appesantir dans l'intempérance et l'ivresse.* Combien ont trouvé, dans cette coupable satisfaction des sens, le principe de leur mort spirituelle et corporelle, par les vices qu'ils ont contractés et les infirmités qu'ils se sont attirées. Et cette intempérance n'est-elle pas devenue aujourd'hui un véritable fléau, qui étend de plus en plus ses ravages? Demandons donc à Dieu par les mérites de saint Marcel l'éloignement de toute contagion; mais surtout de celle du mauvais exemple que donnent les hommes livrés aux excès de la gourmandise et de l'ivrognerie.

Prière à saint Marcel, (page 71.)

SEPTIÈME JOUR.

Tous les hommes aiment la douceur dans les autres; mais qu'il y en a peu qui sachent la pratiquer eux-mêmes! La colère avec tous les désordres qu'elle entraîne à sa suite est encore une maladie ordinaire de nos âmes et une source de péchés. Car l'homme, livré aux accès de la colère, n'a plus de règle dans ses paroles ni dans ses actions. La violence l'emporte et lui fait oublier en même temps ce qu'il doit à Dieu et à son prochain, et ce qu'il se doit à lui-même. *Apprenez de moi*, dit Notre-Seigneur, *que je suis doux et humble de cœur et vous trouverez le repos de vos âmes.* Voilà le remède infaillible à cette maladie de l'âme. Appliquons-le fidèlement avec le secours de notre glorieux patron saint Marcel, dont la douceur ne se démentit jamais au milieu des plus cruels traitements. Comme lui soyons patients et remplis de douceur, et nous trouverons dans cette vertu de grands avantages pour l'âme et même pour le corps.

Prière à saint Marcel, (page 71).

HUITIÈME JOUR.

Une des maladies de l'âme qui fait encore aujourd'hui de grands ravages, c'est la paresse. Il est vrai que jamais on n'a déployé une plus grande activité dans le monde, ni fait de plus vastes entreprises, ni accompli des œuvres aussi prodigieuses ; mais toute cette activité ne s'applique qu'aux choses périssables de la terre et les âmes restent comme engourdies pour les choses du ciel.

Beaucoup ne savent plus faire le plus léger sacrifice pour accomplir la loi de Dieu, pour pratiquer les vertus chrétiennes, pour surmonter les tentations, fuir les piéges du monde, ou résister aux sollicitations coupables des passions. C'est partout une faiblesse, une langueur, une lâcheté qui fait reculer devant les moindres difficultés, et croupir honteusement dans la négligence des devoirs religieux et tous les vices qui en sont la suite inévitable. Combien de chrétiens livrés à cette déplorable paresse spirituelle, et qui, dans un corps vigoureux et plein de santé, portent une âme épuisée et sans vie ! Quelle infirmité ! Puisse Dieu nous la faire éviter en nous inspirant toujours, par les mérites de son serviteur saint Marcel, le véritable courage chrétien dans l'accomplissement de ses commandements.

Prière à saint Marcel, (page 71.)

NEUVIÈME JOUR.

Si Dieu permet que les saints qui sont dans le ciel obtiennent quelquefois par leur intercession l'éloignement des fléaux auxquels les hommes sont exposés, ou même la guérison des maladies dont ils sont atteints, il ne faut jamais perdre de vue que les infirmités de l'âme sont mille fois plus à craindre que celles du corps. Chaque passion est dans notre cœur comme un principe de maladie, et cette maladie spirituelle se développe d'autant plus que la passion elle-même devient plus violente. Le péché est une blessure de l'âme d'autant plus dangereuse que la faute elle-même est plus grave. Demandons toujours et avant tout à Dieu qu'il nous guérisse de ces blessures, et qu'il nous préserve de ces maladies. Puis, en nous soumettant entièrement à sa sainte volonté, prions-le de détourner de nous toute maladie, toute contagion qui pourrait nuire à nos corps ou à nos biens. Ainsi le patronage des saints, et en particulier de saint Marcel, deviendra un moyen de préservation et de sanctification, pour tous ceux qui l'honoreront et l'invoqueront selon l'esprit et les intentions de notre mère la sainte Eglise.

Prière à saint Marcel, (voir page 71).

§ 2º LECTURE ET PRIÈRE POUR LA FÊTE DES PRINCIPAUX PATRONS D'HAUTMONT.

14 juillet. — Fête de saint VINCENT.

Dieu n'appelle point tous les hommes au renoncement parfait, à la pauvreté volontaire, comme le bienheureux Vincent; mais il veut que du moins nous détachions nos cœurs des biens périssables de cette vie. Un jour viendra, en effet, où nous pourrons nous appliquer à nous-mêmes ces paroles si frappantes de saint Grégoire : « Rappelez à votre pensée les prospérités de la vie, la multitude des serviteurs, les pompes des dignités, l'abondance des richesses; toutes ces choses où sont-elles ? que sont-elles devenues ? Comprenez donc par là qu'elles ne sont rien, et que celui qui les aime est semblable à l'homme qui se laisse séduire par un songe. » Combien ont été ainsi trompés par le faux éclat des richesses périssables ? Saint Vincent, pendant qu'il vivait dans le siècle, a montré quel saint usage on doit en faire si l'on veut opérer son salut. Son généreux dépouillement apprend aussi de quels sacrifices la grâce rend capables les saints que Dieu veut proposer à notre admiration.

Prière.

Dieu éternel et tout-puissant, qui avez donné à votre bienheureux confesseur Vincent de fouler aux pieds les délices de la vie présente; accordez-nous par son intercession que, nos cœurs étant purifiés, nous méritions d'avoir part aux biens célestes. Nous vous le demandons par Jésus-Christ Notre-Seigneur, qui vit et règne avec vous, en l'unité du Saint-Esprit, dans les siècles des siècles. Ainsi soit-il.

9 avril. — **Fête de sainte VAUDRU, épouse de saint Vincent.**

Dieu veut que, dans la conduite des saints, les

choses les plus simples et les plus ordinaires servent à notre édification et à notre instruction. Leurs peines intérieures, en particulier, nous apprennent à ne point nous décourager quand nous en éprouvons, et à les supporter comme eux avec humilité et patience. Sainte Vaudru fut assaillie dans sa retraite par des pensées importunes qui la troublaient durant sa prière. Que de fois n'avons-nous pas aussi gémi sur les écarts de notre imagination ? Imitons sa sage conduite et recourons à Dieu comme elle. « N'oublions pas, ainsi que le dit saint Ephrem, que c'est l'occupation ordinaire du démon de jeter mille pensées dans l'esprit pendant l'oraison, et de troubler celui qui demande à Dieu quelque grâce. Car il sait que si nous persévérons dans la prière, le Seigneur nous exaucera, quels que soient les péchés que nous avons commis. »

Prière.

Nous qui célébrons la solennité de la bienheureuse Vaudru, nous supplions, Seigneur, votre clémence, que par sa pieuse intercession, vous nous accordiez le pardon de tous nos péchés. Nous vous le demandons par Jésus-Christ Notre-Seigneur.

30 janvier. — Sainte **ALDEGONDE**, sœur de sainte Vaudru.
25 février. — sainte **ALDETRUDE** } Filles de saint Vincent et
7 septre — sainte **MADELBERTE** } de sainte Vaudru.

« O qu'elle est belle, dit l'Esprit-Saint, la génération chaste ! qu'elle est éclatante de beauté ! Son souvenir est immortel, et elle est en honneur auprès de Dieu et des hommes. Lorsqu'elle est présente, tous se sentent attirés vers elle, et lorsqu'elle s'est retirée, tous la regrettent et la désirent. Son front est ceint d'une couronne éternelle, car elle a vaincu dans les combats de la chair et s'est conservée pure de toute souillure. » Ce bel éloge de la virginité convient surtout à sainte Aldegonde et à ses deux nièces, qui l'ont si généreusement embrassée. Puisse leur exemple nous inspirer un grand amour pour la chasteté, que tous les chrétiens peuvent et doivent pratiquer dans leur condition ! Un jour, comme elles, nous recevrons dans la céleste patrie la récompense éternelle que Dieu réserve aux âmes pures et innocentes.

Prière.

Exaucez-nous, ô Dieu notre Sauveur, afin que, comme nous nous réjouissons de la fête de votre bienheureuse vierge Aldegonde, ainsi nous soyons pénétrés des sentiments de piété et de dévotion. Nous vous le demandons par Jésus-Christ Notre-Seigneur.

17 avril. — **Fête de saint LANDRI, fils de Saint Vincent.**

La vie de Notre-Seigneur Jésus-Christ est un exemple parfait à imiter, et les saints l'ont eue constamment présente à leurs yeux pour la suivre jusque dans ses moindres détails. « Comme un bon maître, dit saint Augustin, Jésus fait le premier ce qu'il enseigne aux autres, et par ses actes il instruit ses disciples à rendre, comme des enfants pieux, leurs devoirs à leurs parents. » Le bienheureux Landri a compris parfaitement cette leçon du divin précepteur. Il a su, à la voix de Dieu, faire le sacrifice de sa famille, pour se consacrer entièrement à lui; et il n'a pas manqué de rendre à son père malade et mourant tous les devoirs de la tendresse filiale. C'est ainsi que la religion perfectionne, ennoblit, sanctifie tous les beaux sentiments du cœur de l'homme : c'est ainsi qu'elle le rend supérieur à la nature, et néanmoins tout dévoué aux devoirs que lui imposent les droits légitimes de la famille.

Prière.

Exaucez, nous vous en supplions, Seigneur, les prières que nous vous offrons en cette solennité de votre bienheureux confesseur et pontife, Landri, et que par les mérites et l'intercession de celui qui vous a dignement servi, nous soyons absouts de tous nos péchés. Nous vous le demandons par Jésus-Christ Notre-Seigneur.

Le 16 juillet. — Saint DENTELIN, fils de saint Vincent et de sainte Vaudru.

« Trois choses surtout conviennent aux enfants, dit saint Bernard, la simplicité, l'obéissance et la pureté. Ces vertus doivent croître avec eux ; ils doivent les pratiquer avec persévérance, pour mériter de suivre un jour l'agneau partout où il ira. » Que si, comme le jeune Dentelin, une mort prématurée ne les appelle point au ciel dès leur bas âge, ces vertus pratiquées fidèlement jusqu'à la fin d'une longue carrière, leur feront acquérir des mérites que Dieu récompensera plus abondamment encore pendant toute la durée des siècles.

Prière.

Dieu Tout-Puissant et éternel, amateur de la sainte pureté, qui, dans votre miséricorde avez daigné appeler l'âme de cet enfant au royaume des cieux, daignez aussi exercer votre miséricorde envers nous, afin que, par les mérites de votre sainte passion, et l'intercession de la bienheureuse Marie, toujours vierge, et de tous les saints, vous nous rendiez participants du bonheur de votre royaume avec tous vos saints et vos élus ; vous qui vivez et régnez dans les siècles des siècles. Ainsi soit-il.

Le 13 décembre. — **Saint AUBERT, évêque de Cambrai.**

Entre les vertus qui ont brillé en saint Aubert, il est impossible de ne point remarquer sa douceur qui attirait à lui tous les cœurs, et son amour de la paix devant lequel tombaient toutes les haines et toutes les animosités. « La paix, n'est-elle pas en effet, demande saint Grégoire, une affection pour le prochain puisée dans la charité ? Semblable à des baumes précieux, dont le parfum s'exhale au loin, elle répand autour d'elle ses douces influences. La paix est pour l'âme ce que la santé est pour le corps. Avec la santé plus de maladies ; avec la paix plus de passions violentes ou honteuses, qui portent le trouble en tous lieux. » Efforçons-nous, en imitant les vertus du saint évêque Aubert, d'acquérir cet esprit de paix, qui doit opérer en nous tant de fruits de salut, et qui sera pour notre prochain un continuel sujet d'édification.

Prière.

Accordez, nous vous en supplions, Dieu tout-puissant, que la vénérable solennité du bienheureux Aubert, votre confesseur et pontife, augmente en nous l'esprit de piété et le désir du salut. Nous vous le demandons par Jésus-Christ Notre-Seigneur.

Le 20 juillet. — **Saint VULMAR, religieux d'Hautmont.**

Quels sont sur la terre les hommes qui possèdent la sagesse ? quels sont ceux que le monde appelle des prudents, des habiles ? Ceux qui acquièrent par leur industrie et leurs travaux une fortune avec laquelle ils se procurent toutes les jouissances vaines ou criminelles de la vie. Voilà les sages et les heureux au jugement du siècle. Ainsi ne pensent pas les saints. Leurs exemples comme leurs paroles nous disent que « la vraie sagesse se trouve dans le repentir de ses péchés, dans le mépris des satisfactions passagères et dans le désir des biens futurs. Oui, chrétien, vous êtes véritablement sage, si vous pleurez les péchés de votre vie passée, si vous foulez aux pieds les convoitises du siècle, si vous soupirez de toute l'ardeur de votre âme après l'éternelle béatitude. » C'est à la mort surtout que l'homme reconnaîtra la différence qui existe entre cette sagesse chrétienne et la prétendue sagesse des mondains. Puissions-nous ne pas attendre jusqu'à cette heure suprême pour le comprendre.

Prière.

Que l'intercession du bienheureux Vulmar, abbé, nous soit en aide, nous vous en supplions Seigneur, afin que nous obtenions par son patronage ce que nous ne pouvons attendre de nos mérites. Nous vous le demandons par Jésus-Christ Notre-Seigneur.

Le 9 février. — Saint ANSBERT, archevêque de Rouen, exilé à Hautmont.

Beaucoup de saints ont été persécutés en ce monde : c'est le partage, dit saint Paul, de tous ceux qui veulent vivre dans la piété et la justice. Si nous sommes quelquefois éprouvés comme eux par la tentation ou la tribulation, sachons comme eux nous consoler par les pensées de la foi, en nous rappelant ces paroles de la sainte Ecriture. « Acceptez de bon cœur tout ce qui vous arrive ; demeurez en paix dans votre douleur, et au temps de l'humiliation conservez la patience. Car l'or et l'argent s'épurent par le feu, et les hommes agréables à Dieu, par la souffrance et l'humiliation. Ayez confiance en Dieu et il vous retirera de tous ces maux. »

Prière.

Exaucez, nous vous en supplions, Seigneur, les prières que nous vous offrons en cette solennité de votre bienheureux confesseur et pontife Ansbert, et que par les mérites et l'intercession de celui qui vous a dignement servi, nous soyons absouts de tous nos péchés. Nous vous le demandons par Jésus-Christ Notre-Seigneur.

Le 6 février. — **Saint AMAND**, évêque-missionnaire.

Si les saints en général sont des modèles présentés aux regards des chrétiens, on peut le dire surtout de saint Amand, « le visiteur assidu d'Hautmont » dont la carrière a été si longue et si variée. « Cet homme admirable est véritablement un exemple pour beaucoup, dit l'historien de sa vie, et toutes ses œuvres sont autant de leçons de vérité et de sagesse. Toutes les conditions trouvent en lui un exemple à suivre, un modèle à étudier, des vertus à imiter. Sa douce et aimable figure invite aussi tous les âges à la pratique du bien. L'enfance est charmée des traits touchants qui embellissent ses premières années. La jeunesse se sent éprise d'ardeur pour imiter son innocence et sa chaste crainte du Seigneur. A l'âge mûr il révèle toute la grandeur et la noblesse des sacrifices qu'un cœur généreux est capable de faire pour Dieu; et la vieillesse apprend aussi auprès de lui avec quelle vigilance et quelle sollicitude elle doit conserver et augmenter les mérites que couronnera bientôt la récompense éternelle. » Imitons fidèlement tous ces saints qui sont nos pères dans la foi, et avec le secours de leurs prières, nous partagerons un jour dans le ciel leur gloire et leur bonheur.

Prière.

O Dieu qui avez fait du bienheureux pontife Amand un admirable prédicateur de votre parole, et par son ministère avez réuni à votre Eglise un grand nombre de peuples; accordez, nous vous en supplions, que par votre secours nous sachions mettre en pratique ce qu'il a prêché par ses paroles et par ses œuvres. Nous vous le demandons par Jésus-Christ Notre-Seigneur. Ainsi soit-il.

TABLE DES MATIÈRES.

Préface 5
Première partie. — Saint Vincent, fondateur de l'abbaye d'Hautmont. — Sa famille. — Les saints avec lesquels il a entretenu des rapports 7
Deuxième partie. — Les saints qui ont vécu dans l'abbaye d'Hautmont 29
Ttoisième partie. — Saint Marcel, pape et martyr, ses reliques et son culte à Hautmont 47
Quatrième partie. — § 1º Neuvaine en l'honneur de saint Marcel. — § 2º Lectures et prières pour la fête des principaux patrons d'Hautmont 69
Premier jour 69
Deuxième jour 71
Troisième jour 72
Quatrième jour 73
Cinquième jour 74
Sixième jour 75
Septième jour 75
Huitième jour 76
Neuvième jour 77
§ 2º Lectures et prières pour la fête des principaux patrons d'Hautmont. — 14 Juillet. — Fête de saint Vincent . 78
9 avril. — Fête de sainte Vaudru, épouse de saint Vincent 79
30 janvier. — Sainte Aldegonde, sœur de sainte Vaudru.
25 février. — Sainte Aldetrude, fille de saint Vincent et de sainte Vaudru. — 7 septembre — sainte Madelberté, fille de saint Vincent et de sainte Vaudru 80
17 avril. — Fête de saint Landri, fils de saint Vincent . 81
Le 16 juillet. — Saint Dentelin, fils de saint Vincent et de sainte Vaudru 82
Le 13 décembre. — Saint Aubert, évêque de Cambrai . 83
Le 20 juillet. — Saint Vulmar, religieux d'Hautmont . 84
Le 9 février. — Saint Ansbert, archevêque de Rouen, exilé à Hautmont 85
Le 6 février. — Saint Amand, évêque-missionnaire . . 86

FIN DE LA TABLE

CAMBRAI. — IMPRIMERIE DE REGNIER-FAREZ.

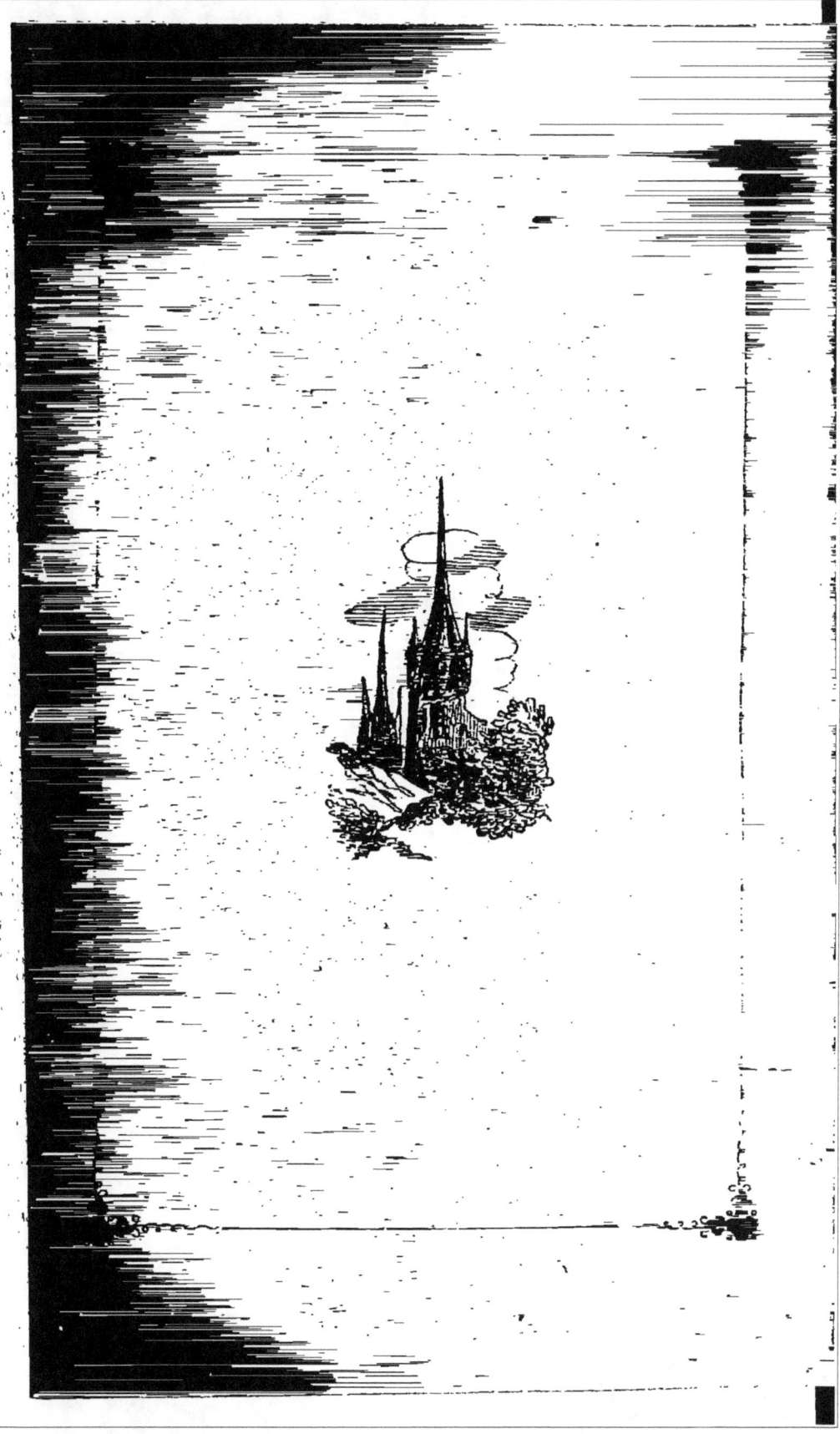

www.ingramcontent.com/pod-product-compliance
Lightning Source LLC
LaVergne TN
LVHW050610090426
835512LV00008B/1427